国家级新区发展报告
2015

国家发展和改革委员会　编

中国计划出版社

图书在版编目（CIP）数据

国家级新区发展报告．2015／国家发展和改革委员会编．—
北京：中国计划出版社，2015.8

ISBN 978-7-5182-0220-1

Ⅰ．①国… Ⅱ．①国… Ⅲ．①经济开发区－区域经济发展－研究报告－中国－2015 Ⅳ．①F127.9

中国版本图书馆 CIP 数据核字（2015）第 184186 号

国家级新区发展报告 2015

国家发展和改革委员会 编

中国计划出版社出版

网址：www.jhpress.com

地址：北京市西城区木樨地北里甲 11 号国宏大厦 C 座 3 层

邮政编码：100038 电话：（010）63906433（发行部）

新华书店北京发行所发行

北京汇瑞嘉合文化发展有限公司印刷

787mm×1092mm 1/16 12.5 印张 168 千字

2015 年 8 月第 1 版 2015 年 8 月第 1 次印刷

ISBN978-7-5182-0220-1

定价：68.00 元

目 录

CONTENTS

2 分报告

3 附录

序言

FOREWORD

国家级新区（以下简称新区）是由国务院批准设立的以相关行政区、特殊功能区为基础，承担着国家重大发展和改革开放战略任务的综合功能区。

自20世纪90年代初国务院批准成立上海浦东新区以来，截至2014年底，已设立了11个国家级新区[①]，涉及陆域总面积16379平方公里，海域总面积25800平方公里，总人口1846万人，地区生产总值2.73万亿元。经过20多年的建设发展，新区数量逐步增加，布局不断优化，功能日益完善，在引领区域经济发展、全方位扩大对外开放、创新体制机制、促进产城融合发展等方面发挥着重要作用，辐射带动和试验示范效应明显，受到各级政府的高度重视，引起全社会的广泛关注。经济发展进入新常态，新区建设发展也面临新的环境和任务。在充分肯定新区建设发展成绩的同时，我们也要看到，部分新区建设发展中仍不同程度存在着规划执行不严、土地等资源节约集约利用程度不高、产业竞争力不强、体制机制创新不足等问题。为在新形势下更好地促进新区健康发展，国家层面陆续出台了《国家级新区设立审核办法》、《关于促进国

① 2015年4月8日，国务院批复设立湖南湘江新区，考虑到本报告主要反映2014年新区发展情况，因此未将其计入相关现状数据，但在分报告中予以体现；6月27日，国务院批复设立南京江北新区，相关情况尚未纳入报告。

家级新区健康发展的指导意见》、《关于推动国家级新区深化重点领域体制机制创新的通知》、《关于推进开发性金融支持国家级新区健康发展有关工作的通知》等系列文件，积极支持新区围绕重点问题率先探索，切实发挥好先行先试作用。

当前乃至“十三五”时期，是适应和引领经济发展新常态，推进“四个全面”战略布局的关键时期。新区建设发展面临着难得的战略机遇，承担着打造经济发展新引擎、探索体制机制新经验、创新转型升级新路径、促进协调发展新模式的重要历史使命。

新区的发展既任重道远，又充满希望。站在新的历史起点上，全面总结新区发展成就，系统梳理新区发展经验，科学查找新区发展问题，及时掌握新区发展动态，进一步明确新区发展的方向与重点，对于实现上述发展目标具有重要价值。鉴此，国家发展和改革委员会组织编写了《国家级新区发展报告 2015》，供各地相互学习借鉴，以期推动新区持续健康发展。

本报告由国家发展改革委地区经济司会同有关方面编写。在报告撰写过程中，各有关省（市）发展改革委、各新区管委会协助提供了大量基础资料，中国科学院地理科学与资源研究所协助开展了材料汇总梳理等工作，国家测绘局和国家开发银行也给予了大力支持和协助，在此一并致谢。报告中所用的新区有关数据均为各新区自行统计或测算数据。

编 者

2015 年 7 月

1 总报告

2015国家级新区发展报告

一、全国新区设立发展的总体情况

（一）发展历程

新区设立发展大体经历了 3 个阶段：第一阶段（1990—2009 年），为落实深化改革、进一步实行对外开放的重大部署，促进上海市和京津冀地区更好地融入国际经济，改善投资环境，释放发展潜能，增强竞争力，国家批复设立上海浦东新区和天津滨海新区；第二阶段（2010—2013 年），为培育新的区域增长极，推动实施区域发展总体战略和海洋发展战略，深化重点领域改革探索，国务院相继批复设立重庆两江、浙江舟山群岛、甘肃兰州和广州南沙 4 个新区；第三阶段（2014 年以后）为引领经济发展新常态、优化新区布局，促进新区健康发展，国家进一

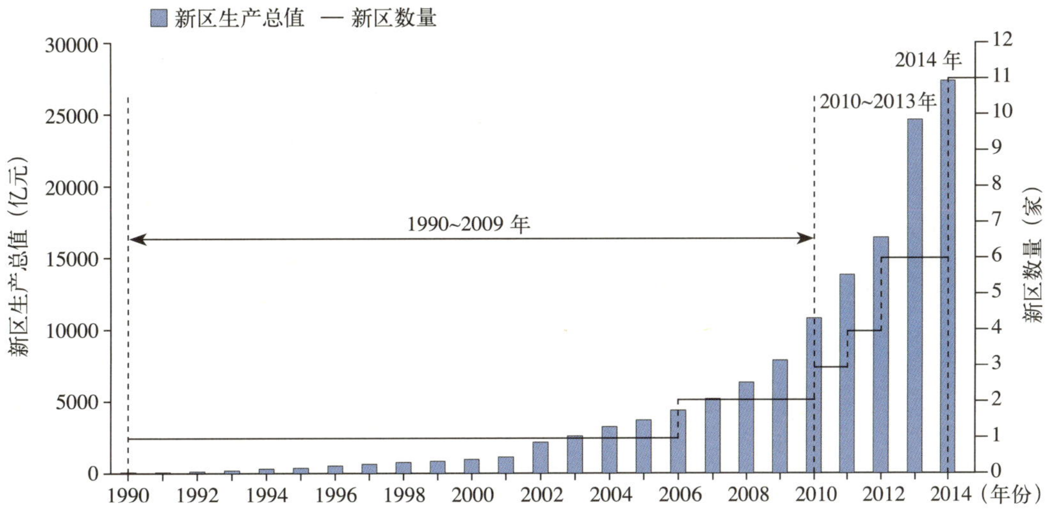

图 1-1 国家级新区发展阶段

步完善了新区设立管理办法和支持政策，并有序推动新区批复设立，相继批复陕西西咸、贵州贵安、青岛西海岸、大连金普、四川天府等新区，着力推动新区落实国家重大改革发展任务和深化体制机制创新试验示范。

截至 2014 年底，新区数量达到 11 个，新区布局趋于完善，功能更加丰富，亮点不断显现，成为引领体制机制创新、促进要素人口集聚、带动区域协调发展、促进产城融合的综合功能区。

1. 第一阶段（1990—2009 年）

改革开放以后，深圳、珠海、汕头、厦门等经济特区的设立，为我国东南沿海地区开发开放注入了巨大活力。相比之下，作为我国经济中心的上海，地区生产总值占全国的比重从 1978 年的 7.48% 降至 1990 年的 4.19%。1990 年，中共中央、国务院审时度势，提出开发开放浦东的重大部署，6 月，中共中央、国务院印发《关于开发和开放浦东问题的

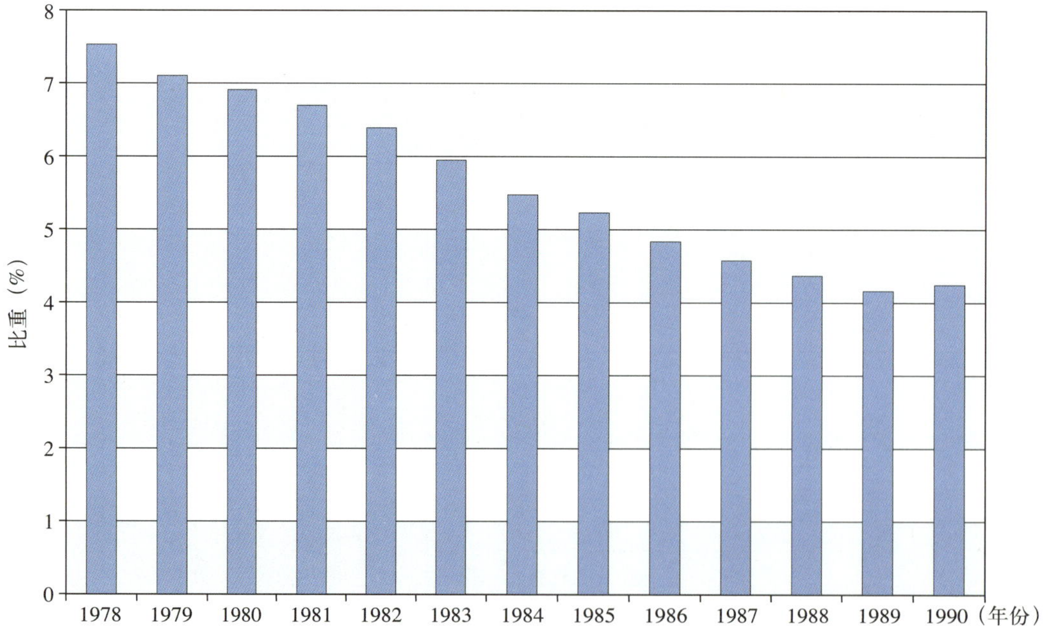

图 1-2 1978—1990 年上海地区生产总值占全国比重

批复》，同意开发开放浦东，原则批准在浦东实行经济技术开发区和某些经济特区的政策。1992 年国务院印发《关于上海市设立上海浦东新区的批复》（国函〔1992〕146 号），同意上海市设立上海浦东新区，行政区域包括原川沙县、上海县三林乡，黄浦区、南市区、杨浦区的浦东部分。2009 年，又将原南汇区并入浦东新区。

20 世纪 90 年代之后，我国经济发展依然呈现“南快北慢”的格局，特别是作为华北经济中心城市的天津市发展相对滞后，1990—2005 年，天津市地区生产总值占京津冀地区的比重由 18.21% 下降到 17.88%，1999 年一度低于 17%。2005 年，在党的十六届五中全会上，中央作出将天津滨海新区上升为国家战略的重大决策。2006 年，国务院印发《关于推进天津滨海新区开发开放有关问题的意见》（国发〔2006〕20 号），明确推进天津滨海新区开发开放的重大战略部署；2009 年，国务院印发关于同意天津市调整部分行政区划的批复（国函〔2009〕125 号），同意撤销原塘沽区、汉沽区、大港区行政区，将其区域划入天津滨海新区的行政区域。

1990 年到 2009 年的 20 年间，国家仅设立了上海浦东和天津滨海两个新区。从区位条件看，两个新区均位于东部沿海地区的直辖市，是

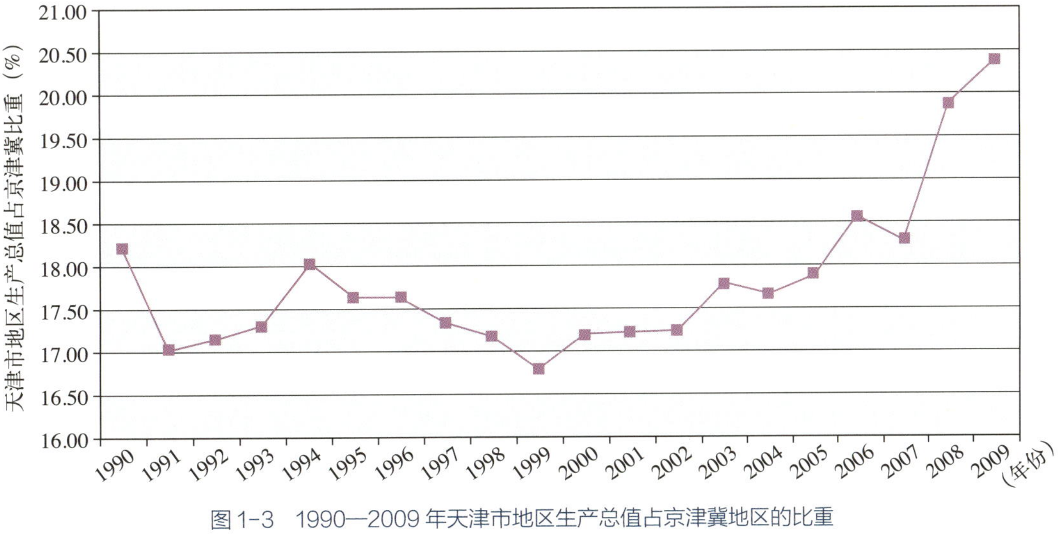

图 1-3　1990—2009 年天津市地区生产总值占京津冀地区的比重

我国对外开放的前沿地区和经济发展的引领地区。从地位作用看，继深圳等经济特区建设引领我国第一轮大规模对外开放之后，上海浦东

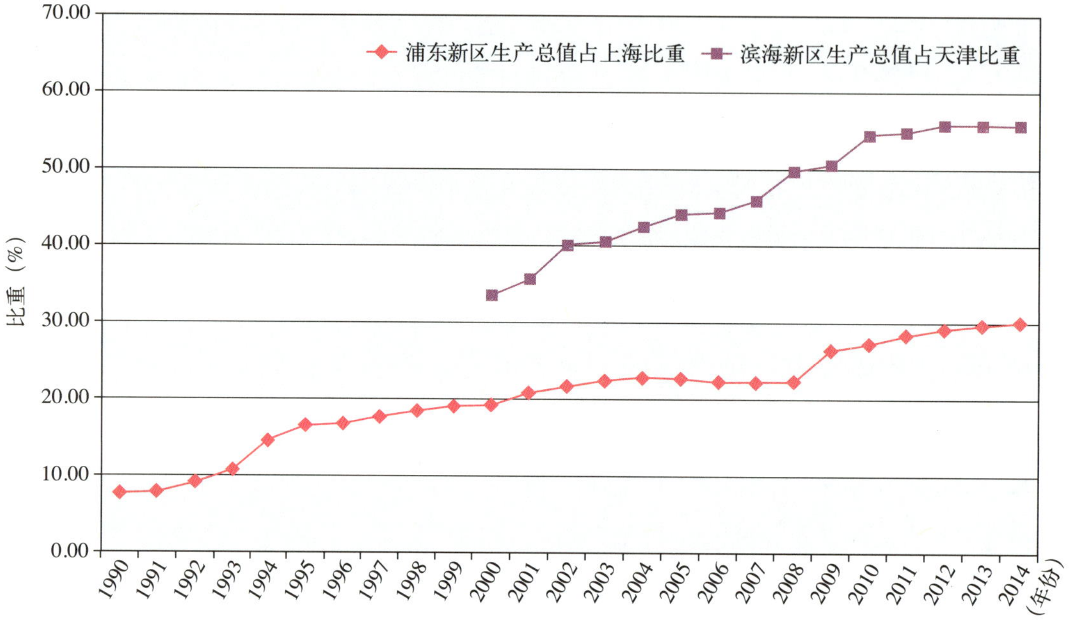

图 1-4　上海浦东和天津滨海新区地区生产总值占所在市比重

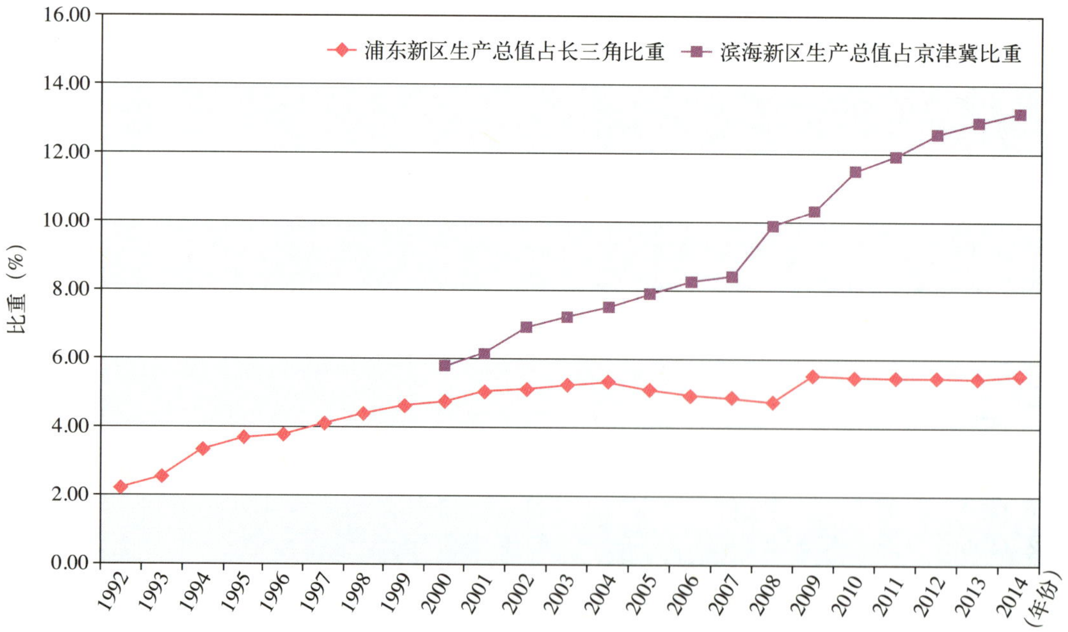

图 1-5　上海浦东和天津滨海新区地区生产总值占长三角和京津冀地区比重变化

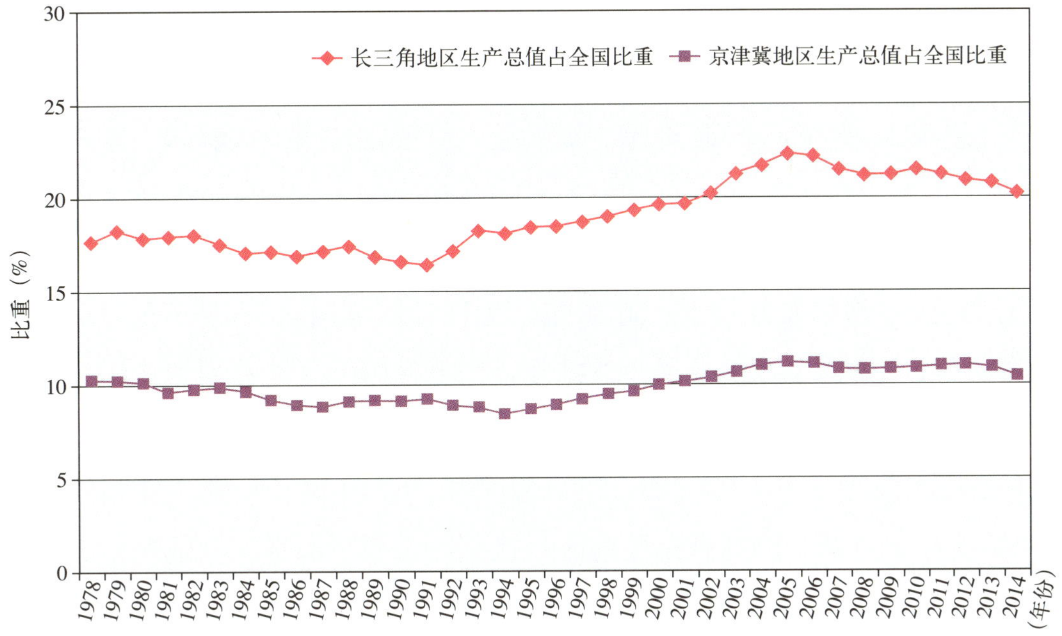

图 1-6　长三角和京津冀地区生产总值占全国比重变化

新区和天津滨海新区的开发建设引领了我国新一轮大规模对外开放，有力地推动了我国沿海开放重点由南向北拓展。从支持举措看，为加快上海浦东新区和天津滨海新区发展，国家在财税、金融、投资、土地等领域赋予两个新区先行先试权限，调整设立了行政区，后续又陆续从综合配套改革试验区、海关特殊监管区、自由贸易试验区等功能平台建设上给予了重点支持。上海浦东新区和天津滨海新区的建设发展，切实提升了所在区域的综合实力，带动了长三角和京津冀地区发展。上海浦东新区地区生产总值占上海市的比重由 1992 年的 9.1% 提高到 2009 年的 26.6%，2014 年进一步提高到 30.2%；占长三角地区比重从 1992 年的 2.2% 上升至 2009 年的 5.5%，并一直保持稳定。天津滨海新区地区生产总值占天津市的比重由 2006 年的 44.5% 提高到 2009 年的 50.7%，2014 年进一步提高到 55.7%；在京津冀地区的经济地位有所提升，地区生产总值占京津冀的比重从 2006 年的 8.2% 上升至 2009 年的 10.3%，2014 年进一步提高到 13.2%。

2. 第二阶段（2010—2013 年）

进入 21 世纪后，随着西部大开发、东北振兴、中部崛起、东部率先战略的深入实施，国家区域发展战略逐步完善，我国区域经济发展格局从东部地区一马当先，逐步向东中西协调发展的方向迈进。2007 年，西部地区经济增长速度首次超过东部地区，2008 年，受国际金融危机影响，我国外向型经济发展步履维艰，东部沿海地区经济增速放缓，中西部和东北地区经济增长速度全面超过东部地区，特别是西部经济增长速度领跑全国。2010 年，国务院印发关于中西部地区承接产业转移的指导意见，支持中西部有条件地区积极承接东部沿海地区产业转移。为进一步激发西部地区发展活力，挖掘发展潜力，培育新的经济增长极，5 月，国务院同意在重庆市设立重庆两江新区（国函〔2010〕36 号），提出要把建设重庆两江新区作为应对国际金融危机、落实区域发展总体战略的重要举措，加快推进统筹城乡综合配套改革试验，积极探索内陆开放型经济发展的新路子。2012 年 8 月，国务院批复设立甘肃兰州新区（国函〔2012〕104 号），提出要把建设甘肃兰州新区作为深入实施西部大开发战略的重要举措，积极探索欠发达地区加快推进新型工业化、城镇化和实现跨越式发展的新路子，拓展我国向西开放的广度和深度。

随着海洋强国战略的深入实施，海洋经济成为我国经济发展的新亮点，2010 年，我国海洋经济生产总值近 4 万亿元，比“十五”期末翻了一番多，占沿海地区生产总值比重达到 16.1%。为进一步促进海洋经济发展，科学开发海洋资源，培育海洋优势产业，促进全国经济转型升级，4 月，国家启动全国海洋经济试点工作，初步提出在山东、浙江和广东三省开展试点。在此基础上，2011 年 2 月，国务院批复浙江海洋经济发展示范区规划，同年 6 月，同意设立浙江舟山群岛新区（国函〔2011〕77 号），提出把浙江舟山群岛新区打造成为浙江海洋经济发展的先导区、海洋综合开发试验区和长江三角洲地区经济发展重要增长极的发展目标。

“十二五”以来，国内区域合作蓬勃发展，京津冀、长三角、珠三角地区等重点地区一体化步伐加快。为全面推动珠三角地区转型发展，进一步深化粤港澳合作，2012年9月，国务院批复设立广州南沙新区（国函〔2012〕128号），提出立足广州、依托珠三角、连接港澳、服务内地、面向世界，把广州南沙新区建设成为粤港澳优质生活圈、新型城市化典范、以生产性服务业为主导的现代产业新高地、具有世界先进水平的综合服务枢纽、社会管理服务创新试验区，打造粤港澳全面合作示范区。

这一时期，国家级新区数量从2个增加到6个，呈现出加速增长的态势。新区布局也由直辖市拓展到东部沿海有条件的城市和西部省会城市，新区建设发展的目标更加多元。从发展速度看，各新区均呈现出快速发展的良好势头，特别是西部地区的重庆两江新区设立5年来地区生产总值年均增速高于全国10.9个百分点；甘肃兰州新区2013年和2014年地区生产总值增速均超过30%，明显快于其他地区。

3. 第三阶段（2014年以后）

2014年以来，我国经济发展呈现速度变化、结构优化、动力转换三大特点，经济发展面临复杂多变的国际环境和艰巨繁重的国内改革发展稳定任务。这一时期，党中央、国务院高度重视促进区域协调发展工作，并作了一系列重大决策部署，明确要完善区域政策，优化经济发展空间格局，促进各地区协调发展、协同发展、共同发展。在继续实施西部开发、东北振兴、中部崛起、东部率先的区域发展总体战略基础上，提出了“一带一路”、京津冀协同发展、长江经济带、新型城镇化等重大战略。适应经济发展新常态要求，围绕推动落实“四个全面”战略布局和国家重大战略，迫切需要积极培育新的经济增长极，更需要在有条件的地区深化体制机制创新，探索引领经济转型发展的新思路和新模式。为推进新区有序健康发展，国家发展改革委会同有关部门研究制定了《新区设立审核办法》及细则，出台了《关于促进国家级新区健康发展的指导意见》及配套政策文件，严格规范新区设立，进一步明确了促进新区健康发展的方向、重点和支持措施。

与此同时，国家进一步优化新区空间布局，有序推动新区设立。2014 年 1 月，国务院相继批复设立陕西西咸新区（国函〔2014〕2 号）和贵州贵安新区（国函〔2014〕3 号），作为深入实施西部大开发，拓展西向开放深度和广度的重要措施。6 月，国务院以促进海洋经济发展为主题批复设立青岛西海岸新区（国函〔2014〕71 号），作为全面实施海洋战略、发展海洋经济的重要举措。同月，批复设立大连金普新区（国函〔2014〕76 号），着力引领辽宁沿海经济带加速发展，带动东北地区振兴发展。10 月，国务院批复四川天府新区（国函〔2014〕133 号），推动探索发展内陆开放型经济、促进西部地区转型升级。

截至 2014 年底，全国新区总数达到 11 个。新区空间布局进一步拓展，集聚人口产业能力不断增强，承载的深化改革、扩大开放和落实国家重大改革任务的功能平台地位进一步强化。

2015 年 4 月，国务院批复设立中部地区第一个新区——湖南湘江新区（国函〔2015〕66 号），支持打造促进中部地区崛起和长江经济带建设的新的增长点。

（二）基本特点

1. 战略使命重要

新区自设立起就在改革发展全局中承担着重要的任务和使命。首先，是当地乃至全国经济发展的新引擎，这从新区设立的历程、条件和发展情况均能得到充分体现；第二，是体制机制创新的综合平台，新区的“新”最突出的体现就是体制机制创新，国家在批复设立新区时均明确了推进体制机制创新和改革探索的主攻方向，同时，新区作为综合性区域，与自由贸易试验区、海关特殊监管区、开发区等相比，创新发展的领域更综合、任务更重要、问题更复杂。第三，是全方位扩大开放的新窗口。上海浦东和天津滨海新区是作为不同时期引领我国对外开放而设立的新窗口，其他新区也是国家基于全方位扩大开放的需要打造的重要功能平台。第四，是统筹区域城乡发展的重要功能区。各新区在促进产业发展的同时，都承担着统筹区域发展和促进产城融合、城乡统筹、新型城镇化建设等综合性任务。

2. 区位优势突出

11 个新区均位于国家级优化开发区和重点开发区，地处陆桥通道和沿长江通道“两横”、沿海和京哈京广以及包昆通道“三纵”的我国国土开发主要轴带，直接服务“一带一路”、京津冀协同发展、长江经济带等三大战略；11 个国家级新区中有 5 个分布在西部地区、1 个分布在东北地区、5 个分布在东部地区，是实施区域发展总体战略、主体功能区战略和新型城镇化战略的重要支撑点。除以海洋经济发展为主题的浙江舟山群岛新区外，其余新区均设在直辖市、计划单列市和省会城市。

3. 发展条件优越

新区均处于本地区人口相对集中、产业基础较为完备、经济基础比较雄厚的区域，综合条件良好，具有较强的发展基础和较大的发展潜力。相对其他各类功能区和平台而言，国家级新区面积相对适中、发展空间更加广阔。从内部结构看，新区内既包括产业集聚区，又涵盖居住休闲、城市功能、生态农业等区域，区域功能更加丰富。新区通常又是多种国家战略和专项先行先试平台的叠加区域，发展环境良好。11 个新区中有 4 个新区被赋予国家综合配套改革试验区功能；有 8 个新区包含至少一个国家级开发区或国家级高新区，不少新区还设有海关特殊监管区，特别是上海浦东、天津滨海、广州南沙新区还包含有自由贸易试验区。大多数新区基础设施条件相对完善，教育、医疗等公共服务设施比较完备，拥有较好的创新创业人才和科技创新支撑力量。

（三）建设成就

经过20多年的建设发展，新区在创新体制机制、带动区域经济发展、扩大开放合作、优化空间格局、改善民生福祉等方面取得了显著的成就。

1. 经济实力显著增强

经济总量大幅增长。新区设立后，对资金、人才、产业等优质资源的吸引能力明显提升，促进了生产要素集聚和优化配置，经济实现较快增长，对所在省（区、市）经济增长的贡献度不断提升，成为区域重要经济增长点，对保持全国经济平稳增长发挥了引领作用。其中上海浦东新区地区生产总值从1990年的60亿元增长到2014年的7110亿元，增长了118倍；天津滨海新区地区生产总值从2006年的1983亿元提升到2014年的8760亿元，占天津市的比重从44.5%提高到55.7%；重庆两江新区地区生产总值从2010年的1002亿元提升到2014年的1861亿元，占重庆市的比重从12.64%提高到13%。甘肃兰州新区地区生产总值从2011年的39亿元提升到2014年的96亿元，占兰州市的比重从2.87%提高到5.04%。此外，上海浦东、浙江舟山、广州南沙、青岛西海岸等新区对所在省（区、市）的经济增长也有较高的贡献率。

经济增速优势明显。新区经济增长速度普遍快于所在省（区、市）及全国平均水平，天津滨海新区自2009年以来地区生产总值每年跨越一个千亿元台阶，年均增长20.3%，高于全市4.3个百分点。重庆两江新区自2010年以来，地区生产总值年均增长19.4%，高于全市5.4个百分点，其中规模以上工业总产值年均增长30.3%，实际利用内资年均

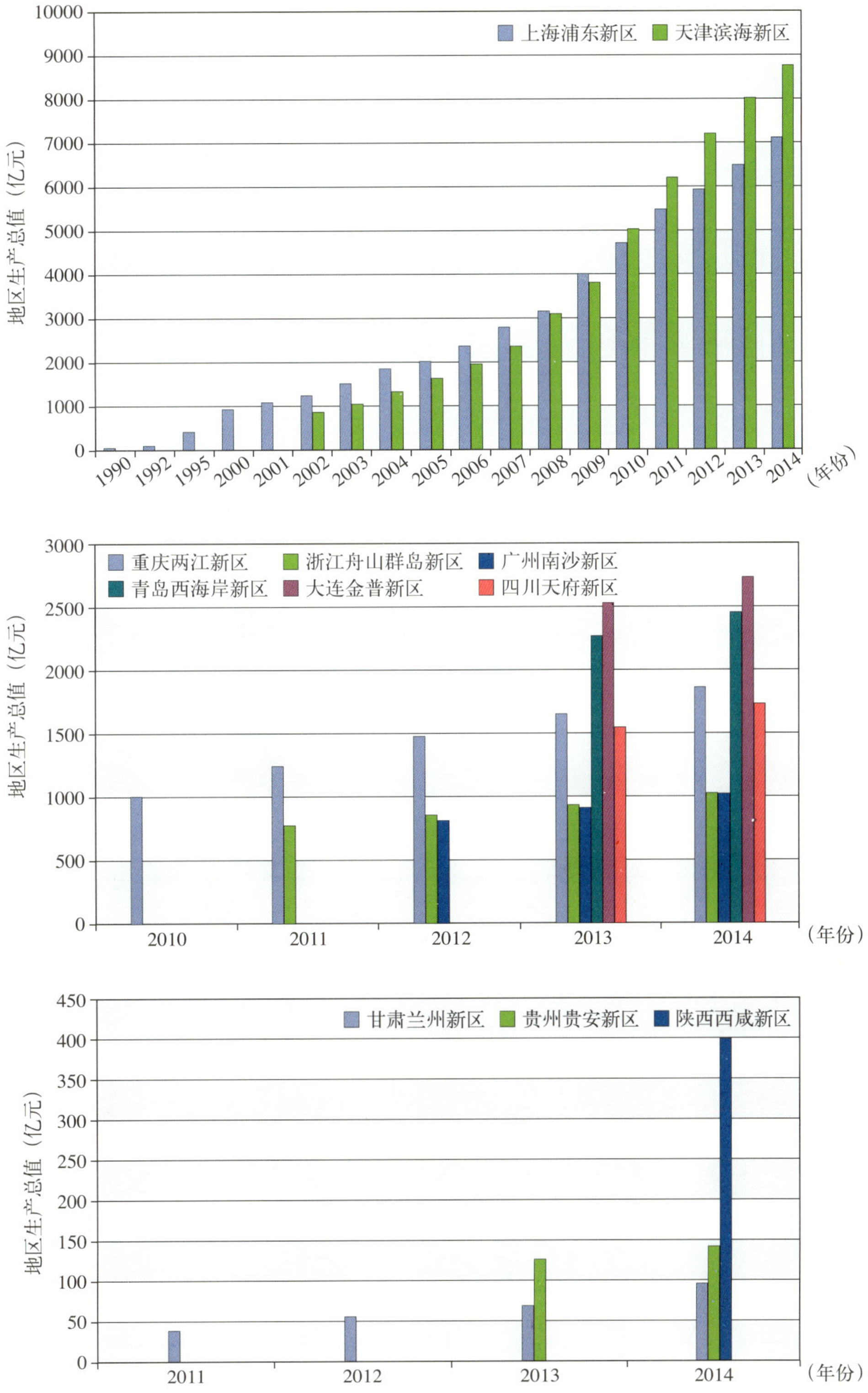

图 1-7　新区地区生产总值增长情况

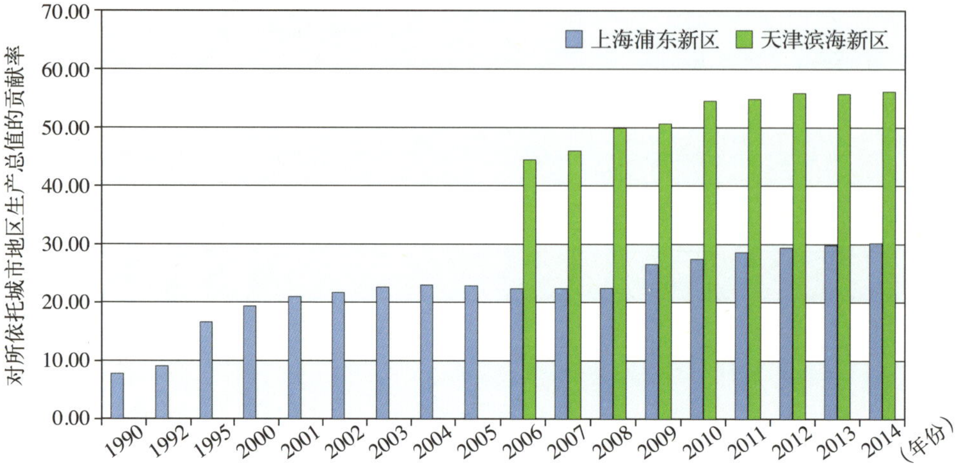

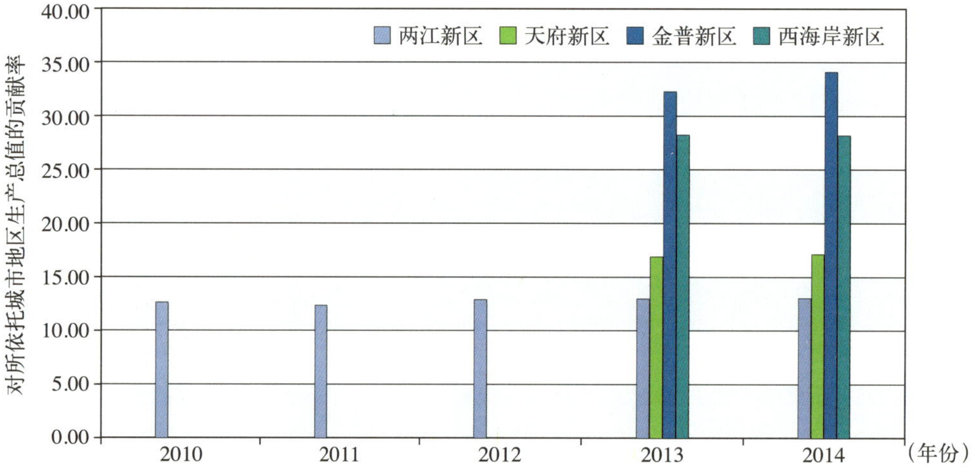

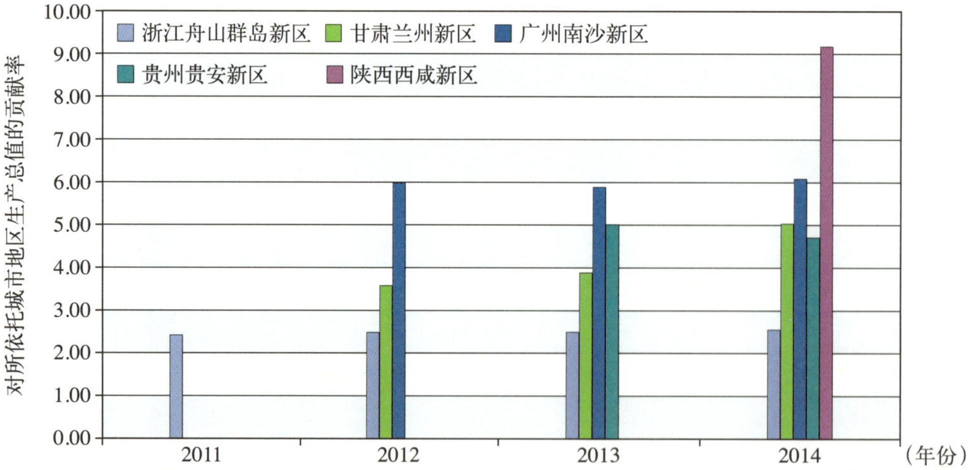

图 1-8　新区地区生产总值对所在省（区、市）地区生产总值贡献度变化趋势

增长 29.5%，实际利用外资年均增长 27.8%，特别是进出口总额年均增长达 72.5%。浙江舟山群岛新区自 2011 年以来，地区生产总值年均增长超过 10%，高于全省 1.8 个百分点。

2. 产业结构不断优化

新区产业发展瞄准集约化、特色化、高端化方向，把握现代产业发展趋势，推进先进制造业和现代服务业双轮驱动、科技创新与绿色发展相互促进，在引领产业转型升级方面取得了显著成效。上海浦东新区第三产业占地区生产总值的比重由 1990 年的 20.1% 上升到 2014 年的 67%，为上海“四个中心”建设提供了有力支撑。天津滨海新区已经打造了航天航空、汽车及装备制造、粮油轻纺等八大主导产业，形成了高新技术产业群，IT 制造业居全国前列，石油套管产量跻身世界四强。重庆两江新区产业发展连上新台阶，汽车产业总产值 2010 年超 1000 亿元，2014 年超 2000 亿元；电子信息产业总产值从 2010 年的 13.52 亿元增长到 2014 年的 976 亿元，入驻的世界 500 强企业从 2010 年的 54 家增加到目前的 129 家。浙江舟山群岛新区建成亚洲最大的铁矿砂中转基地、全国最大的商用石油中转基地、华东地区最大的煤炭中转基地，积极打造陆海联运中心。青岛西海岸新区引进 6 个高层次科研创新平台，新增发明专利申请、发明授权居全省第一，高新技术产业产值占规模以上工业产值的 42.4%；海洋生产总值占地区生产总值比重达 24.1%。

3. 空间格局持续优化

新区布局功能不断完善。从全国层面看，新区布局由沿海到内陆、由直辖市向省会城市和重点城市有序拓展，始终遵循国家全面深化改革、全方位扩大开放、优化区域开发格局的总体部署和主体功能区、新型城镇化、海洋强国等战略的基本要求，体现了总量有控制、功能有区分、区位有代表性的思路，布局不断优化完善。从新区内部看，各新区根据功能定位和优势特点不断完善规划体系，实现了对新区发展的统筹设计，并把规划作为建设的先导，有序推进产业发展、基础设施建设和城市功能布局，区域和城市面貌发生重大变化，服务和配套水平大幅提升。

引领带动新型城镇化发展。一是促进所依托城市功能疏解和提升。新区通过承接中心城区功能、产业和人口转移，推动缓解中心城区“过载”压力，形成了与中心城区紧密的分工合作关系。许多新区自建立起就按照现代化、高标准、智慧型的思路推进，注重形成现代化的生产、生活功能，有力提升了城市的整体发展品质。二是一定程度上改变了“摊大饼”蔓延式城市扩展路径，新区顺应区域发展的轴向方向引导城市扩展，探索形成多极、组团式的城镇化发展模式，促进城市（群）空间结构优化。三是一些跨市级行政区新区的设立发展，有力促进了区域一体化和城市群一体化进程，推进形成更为合理的城市群空间结构。四是大多数新区按照建设“以产兴城、现代新城”的目标，积极推动产城融合发展。围绕新区重点发展的主导产业，以园区建设为依托，促进产业集聚集群发展，配套产业发展优化生活空间布局，带动城市建设，完

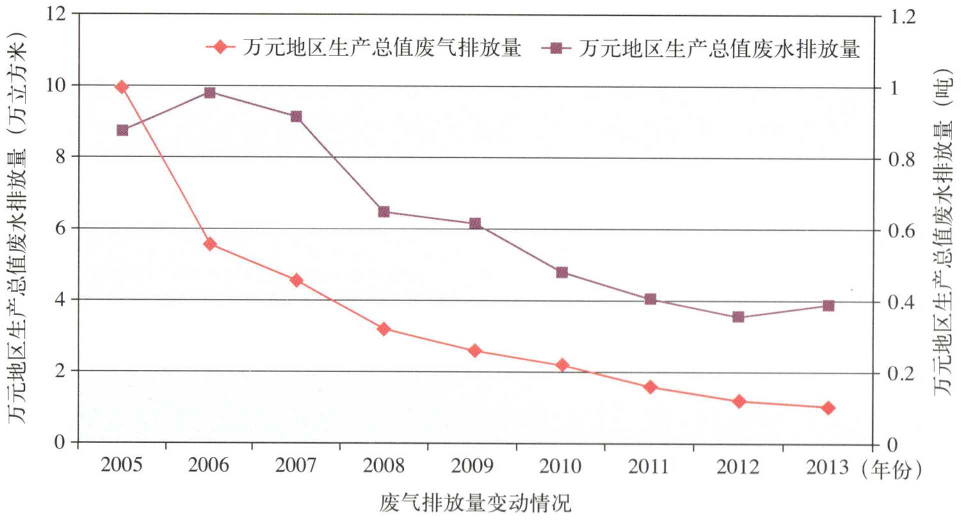

图1-9 天津滨海新区万元地区生产总值废水、废气排放量变动情况

善城市功能。

生态环境逐步改善。新区建设树立高效集约理念，注重生态保护，着力推动绿色发展，统筹生产生活空间与生态区域建设，打造形成宜居宜业的发展环境。四川天府新区积极推进锦江生态带、兴隆湖等生态环境项目建设；甘肃兰州新区按照“北御风沙、中兴产业、南建景观”的思路，以国家级湿地公园、新区水系、道路绿化、南北山生态建设为核心，着力构建绿色生态屏障；青岛西海岸新区推动建设国家级海洋公园、唐岛湾生态植物园等，探索现代农业示范区创新“一区多园”开发模式，促进特色农业园区协同发展；陕西西咸新区创新城市发展方式，让城市回归自然，仅用 1/3 的面积进行城市建设，2/3 划为农田、生态用地等禁建区，并积极修复生态环境。与此同时，新区大力推进污染控制，节能环保占地方财政支出的比重不断提升，万元地区生产总值废水、废气排放量有所降低，新区污水管网建设、污染源整治等工作扎实推进，成效明显。

4. 民生福祉持续改善

生产生活条件显著改善。新区整体上基础设施配套水平起点高、网络化建设程度高。核心区道路、供水、供电、垃圾处理体系基本形成并不断完善，居民生活、生产环境得到改善。重庆两江新区按照制造园、研发园、物流园、家园、生态园“五园合一”方式，规划建设了一批功能各异、主题鲜明的城市组团，配套完善公共服务设施，5 年累计新增展览馆、学校、医院等公共建筑 84 万平方米，公园绿地 265 万平方米。广州南沙新区建成区绿化覆盖率达到 41%，人均公园绿地面积 38 平方米，人居环境优美。浙江舟山群岛新区强化海域、陆域、岸线和产业“四位一体”环境管控，实施以“清河净水”工程为重点的“五水共治”，2014 年市区空气质量优良天数达到 343 天，优良率 94%，成功创建国家级生态示范区、国家节水型城市。陕西西咸新区大力推动田园城市建设，城市骨架基本拉开，生态环境明显改善，组团式发展现代田园城市格局初步形成。

居民收入水平大幅提升。新区积极拓宽居民的增收渠道，城镇居民人均可支配收入和农村居民家庭人均纯收入持续提高。贵州贵安新区农民人均纯收入从 2013 年托管前的 4200 元增加到 2014 年的 8560 元，

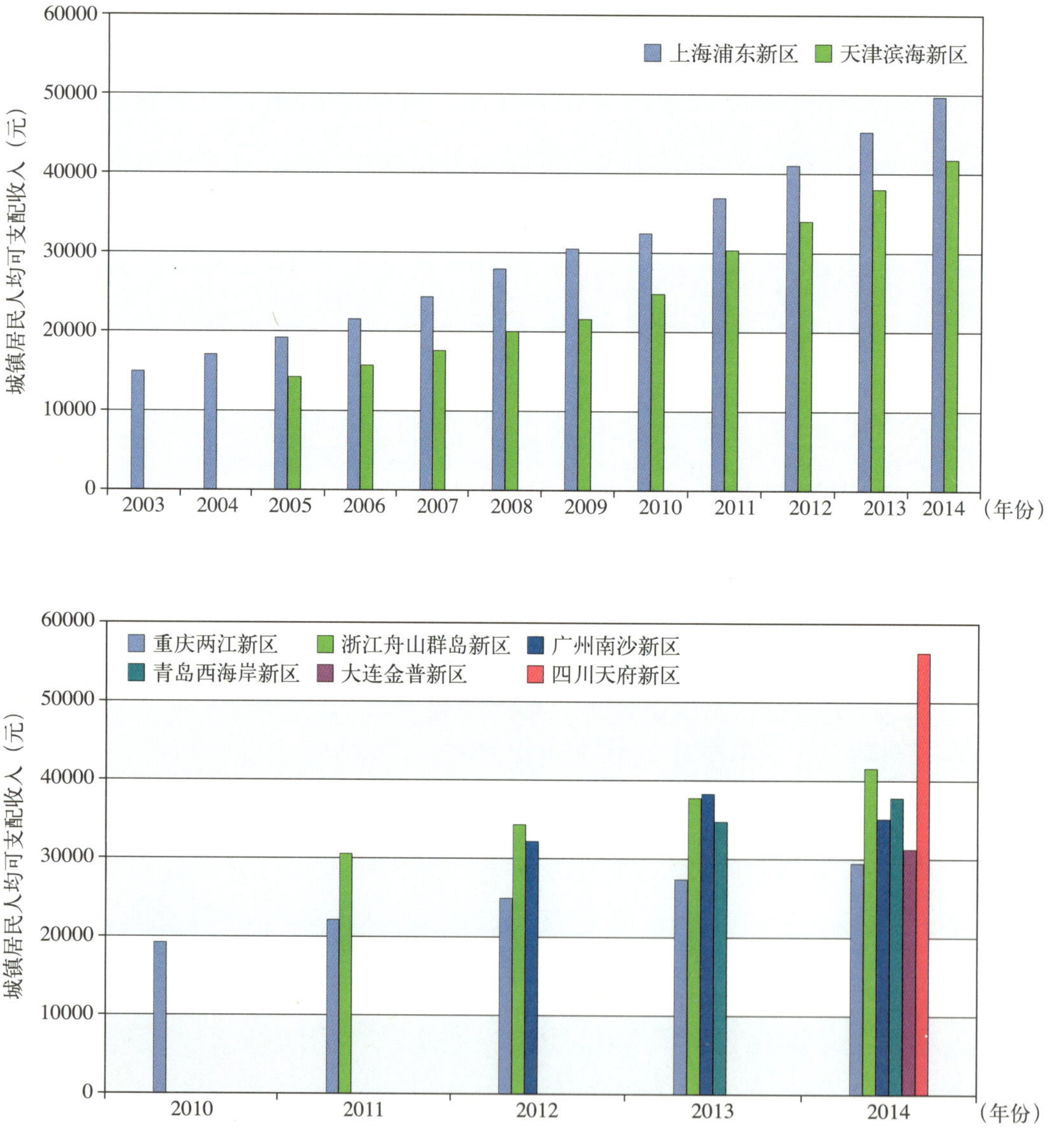

图 1-10　部分新区城乡居民收入状况

实现翻番；探索设立了资金募集对象为直管区农民的集合资金信托计划，帮助农民理财，增加财产性收入。天津滨海新区近年来城乡居民人均可支配收入保持两位数增长，每年新增就业岗位 10 万个。上海浦东新区 2014 年城乡居民收入分别达到 49628 元和 21814 元，实现年均增速超过 10%，每年新增就业岗位 15 万个。

基本公共服务水平不断提升。新区把改善和发展基本公共服务作为新区建设的出发点和落脚点，建立健全社会保障体系，不断加大教育、医疗等投入，持续提高养老金、城乡低保等标准，切实增强基本公共服务保障能力。广州南沙新区 2014 年民生事业投入 87.42 亿元，占区公共财政预算支出 83.26%，在广州市率先将财政就业专项资金扶持对象范围扩大到本区户籍全体劳动者，实现城乡居民养老保险全覆盖，参保率达 100%。天津滨海新区新建、扩建 200 多所中小学校和幼儿园，全面完成学前“三年行动计划”，被评为全国“两基”工作先进地区、全国社区教育实验区和天津市首批全国义务教育基本均衡发展区，成功引进高端民营医院和境外高端社区卫生服务机构。重庆两江新区坚持以人为本，保障、维护、实现好失地农民利益，大幅提升安置房品质，鼓励园区拿出 15% 就业岗位，免费提供就业技能培训，确保有就业意愿的失地农民 100% 实现就业。

（四）主要经验

1. 主动融入和对接国家重大战略是新区健康发展的基本导向

新区作为承担国家重大发展和改革开放战略任务的综合功能区，有责任且正在成为经济新常态下实施国家重大战略的新引擎和新动力。而积极对接、主动融入国家重大战略进一步拓展了新区发展的机遇、空间和优势。上海浦东、天津滨海和广州南沙新区等扎实推进自贸试验区建设，成为全国极具吸引力的资金、产业、人才集聚地和改革先行试验区。天津滨海新区积极融入京津冀协同发展战略，在承接北京非首都功能疏解中进一步提升产业竞争力，正打造形成首都经济圈中最具活力的增长极。重庆两江新区牢牢把握“一带一路”和长江经济带重要交汇点的区位特点，向东依托长江黄金水道，向西依托渝新欧国际物流大通道，形成了内陆开放新优势。陕西西咸新区依托西安咸阳国际机场，建设国家级航空城实验区，着力打造丝绸之路经济带航空枢纽和对外开放的国际门户。

2. 高效管理机制是新区建设的重要保障

新区在机构设置、政府管理等方面都进行大胆创新，不断深化管理体制改革，为新区建设发展提供了根本保障。一是立足不同发展阶段和自身特点，构建了各有特色、高效运转的行政架构，归纳起来主要有以下 2 种类型：一类是承担综合管理职能。新区管委会负责新区范围内的行政管理，组织领导新区的开发建设，全面管理新区的各项社会事务工作。此类新区管委会往往与政府并存，新区范围与行政区划重叠，这种模式自主性强，便于协调一致。如上海浦东新区、天津滨海新区、浙江舟山群岛新区。另一类是专职负责经济发展职能。新区管委会职能仅限于区域范围内经济发展职能，行政与社会事务仍实行“属地管理”。这种模式既有协调性又有竞争性，更加侧重推动经济发展。如重庆两江新区、西咸新区。二是积极探索建立“大部制、扁平化”管理模式，优化机构设置，形成更具推动力、整合力、执行力的运行机制。上海浦东新区一共只设立 10 余个部门，却涵盖了党委和政府主要的工作领域；贵州贵安新区的党工委、管委会的内设机构分别只有 10 个和 11 个。三是将转变职能、建立服务型政府作为创新政府治理、深化行政改革的关键之举，把政府在经济中的作用从“管理型”转到“服务型”，有效提高政府综合服务效能。

3. 改革创新引领是新区建设的动力源泉

新区作为国家改革创新的新载体，牢牢把握功能定位，坚持在改革创新方面先行先试，为国家改革发展探索新途径、积累新经验。上海浦东新区积极探索负面清单、商事登记等投资管理制度改革，将原来的正面清单管理模式转变成“非禁即入”的负面清单管理模式，更大力度发挥市场作用。甘肃兰州新区创新城市管理模式，探索实行社区化管理模式，成立新区城管中心，采取市场化的运作方式，对环卫保洁、园林绿化、路灯维护等全部通过外包服务来解决，大大降低了公共运行成本。重庆两江新区在重庆市率先建立《行政审批绿色通道服务实施意见》和企业注册登记“一表制”、建设领域并联审批、建设项目收费“一费制”、建设项目联合竣工验收等“1+4”绿色通道服务体系，开展工商登记制度改革试点，全面实施先照后证、资本认缴等改革措施，将94项前置许可改为后置。浙江舟山群岛新区探索试行土地、港口岸线的统一收储、统一整理和统一供应，加强战略资源的统筹调控。

4. 科技创新驱动是新区高端化发展的根本途径

新区发展始终秉承科学技术是第一生产力的理念，因地制宜地走特色化的创新驱动路径，有力促进了发展水平和效益的提升。浦东新区围绕深化“聚焦张江”战略，构建区域创新体系，张江高新区成为继北京中关村和武汉东湖开发区之后第三个国家自主创新示范区；新区经认定的研发机构达到525家，专利授权量突破1万件，技术交易合同金额达到180亿元。截至2014年底，天津滨海新区累计建成300多个国家级和省部级研发中心，国家级科技产业化基地达20家；天河一号等200多项国家重大科技项目和全市自主创新重大项目顺利实施，在100余项代表行业制高点的关键技术上取得突破。四川天府新区拥有国家及省部级重点实验室102个、工程技术中心137个，拥有两院院士59人，首批国家“万人计划”入选专家25人，省部级以上专家9000余人，高科技人才超过30万人，为新区实现高端发展提供了强大的人才支撑和发展后劲。

5. 金融支持是新区建设发展的重要推动力

在新区规划建设中，开发性金融积极发挥政府与市场的融资组带作用，通过融资融智融商等方式，积极带动社会资金支持新区建设发展。截至2014年底，国家开发银行为11个新区建设编制了融资规划或项目融资方案，累计提供贷款2500亿元，贷款余额1457亿元。天津滨海新区与国家开发银行签订《开发性金融合作备忘录》，系统谋划基础设施、民生保障、产业发展等领域投融资合作。重庆两江新区借助国家开发银行的客户资源和综合金融服务，为京东方、中韩产业园等项目落户发展发挥了重要作用。同时，新区金融业的快速发展大大提升了自身融资能力和影响力。上海浦东新区深入推进金融开放创新改革，基本形成了自贸试验区金融制度创新框架体系，稳步推进面向国际的金融交易平台，有力支持了上海金融中心建设。重庆两江新区金融业产值从2010年的47.7亿元增长到2014年的160亿元，占地区生产总值比重提升1倍，成为发展最快的支柱产业之一。兰州新区积极拓宽融资渠道，专门设立新区产业投资基金等，引进各类金融机构49家，为新区开发建设提供了资金支持。

二、2014年全国新区建设的主要进展

2014年，我国面临的国际国内形势复杂严峻，全球经济复苏艰难曲折，主要经济体走势分化，国内经济下行压力持续加大，多重困难和挑战相互交织。新区主动认识、适应和引领经济发展新常态，锐意深化改革、激发市场活力，实施创新驱动、加快结构调整，扩大开放合作、优化发展环境，在促进全国经济平稳增长、带动区域经济发展、深化重点领域改革、构建开放合作平台等方面，发挥了不可替代的独特作用。

（一）工作进展

1. 夯实发展基础

新区充分调动和挖掘市场潜力、建设能力和资本实力，着力提升基础设施建设和科技创新水平，积极引进重大产业项目，进一步增强新区发展实力。

完善基础设施条件。以交通、能源、信息、物流等网络建设为重点进一步提升了互联互通水平。贵州贵安新区坚持基础设施先行，城市道路框架和一期公路建设基本建成，总投资400多亿元、总里程330公里的城市骨干路网和园区、大学城主要路网基本建成通车，初步形成内畅外联的交通路网。青岛西海岸新区设立一年来共实施基础设施和社会公益项目730个，完成投资290亿元，是前6年资金投入之和。广州南沙新区南沙港区三期快速推进，全年货物吞吐量达2.2亿吨，明珠湾起

步区建设全面铺开，总投资586亿元的重点项目加快推进。重庆两江新区果园港进港铁路专用线正式开通，形成“水、公、铁”联运的立体物流网络；国际云计算产业园的网络汇接中心建设启动，信息平台汇聚能力增强。

强化重大项目支撑。立足自身优势，紧紧围绕功能定位，把握先进制造业、现代服务业、现代农业等产业方向，强化精准招商，通过重大项目带动，有序推进产业转型升级，进一步提高产业竞争力。甘肃兰州新区2014年引进项目85个，总投资1240.05亿元，中国铁建、绿地集团、正威集团等一批企业已入驻新区。浙江舟山群岛新区2014年实际利用区外资金402亿元，与中船集团、中航工业、中农发、神华集团等达成了合作框架协议。四川天府新区加快实施支撑性、引领性重大基础设施和高端产业项目60个，总投资近4000亿元。青岛西海岸新区12个百亿级大项目相继落户并开工建设。

提升科技创新能力。积极营造大众创业、万众创新的整体氛围，加强各类科技创新平台建设，着力集聚创新资源。同时，找准科技和经济结合点，促进科技创新成果转化，增强了科技创新对经济发展的驱动能力。2014年，天津滨海新区科技型中小企业和科技“小巨人”企业分别达到18201家和964家，科技进步对经济增长的贡献率超过60%。青岛西海岸新区积极推进蓝色硅谷建设，成立国内首家“工业4.0”推动联盟，在省内率先建立“创客联盟”和全省首家跨境电商产业园，引进中船重工海洋装备研究院等6个高层次科研创新平台和海尔国际信息谷、美国水下装备等高端项目。贵州贵安新区积极创建“大数据产业发展集聚区”试点，规划建设11.47平方公里大数据产业园，与清华大学、富士康、中国电信、中国移动、中国联通等开展合作。

2. 优化发展环境

根据新区发展实际需要，进一步优化行政资源配置，深入探索与新区发展阶段相适应的体制机制，强化政策支持，完善市场体系，营造更好发展“软环境”。

提高综合服务效能。落实中央关于全面深化改革、释放市场活力的要求，把转变政府职能作为全年工作的首要任务，把简政放权、放管结合作为改革的先手棋，用政府权力的“减法”，换取市场活力的“乘法”，积极构建高效透明、法制规范的服务型政府。天津滨海新区以行政审批制度改革为突破口，精简行政审批事项，组建新区行政审批局，打造“一个窗口流转，一颗印章审批”的审批改革天津滨海模式。天津滨海新区从2014年5月份到年底，与2013年同期比较，企业设立数量增长了62.8%，出现了井喷式的增长。广州南沙新区对外商投资实施“准入前国民待遇”加“负面清单”管理模式，通过深化国际贸易“单一窗口”建设、建立“三个互”合作机制、深化口岸快速验放机制、推进国际转运货物自助通关和“智检口岸”等模式，建设高效大通关体系。甘肃兰州新区强化“指挥部模式”，成立了六大产业园区指挥部，实行一线办公和全程代办制度，全力保障征地拆迁、基础配套、手续办理等协调服务，让入区企业少花时间、少跑路，集中精力抓好项目建设，加快推进项目落地建设速度。

深化重点领域改革创新。新区牢牢把握全面深化改革的重大机遇，立足不同的发展需求和功能定位，围绕重点领域先行探索、改革创新，着力破解制约新区发展的瓶颈问题，为其他地区提供示范。上海浦东新区按照中央关于利率市场化的改革部署，推出上海银行间同业拆放利率，扎实探索货币、债券、协议存款、外币存款等利率价格形成机制，积极推动国债期货市场建设，进一步健全人民币国债收益率曲线。青岛西海岸新区首创“一地多用”土地综合利用模式，探索工业用地弹性出让和存量土地退出机制。创新农村产权制度，启动农村集体资产产权制度改革试点，获批全国农村改革试验区。贵州贵安新区大力开展国家农村综合改革美丽乡村标准化试点，建成13个美丽乡村，开工建设贵澳农业科技园、台湾红柿子香草花海休闲观光园等示范园区，积极探索特色化统筹城乡发展新路径；着力创新投融资体制机制，探索改变过去以负债性融资为主要来源进行城市开发建设等债务性投资模式，逐步推广以各类基金直接投资、PPP 模式等为主的债权性投资模式。广东省人大批准施行《广州市广州南沙新区条例》，首次以法规的形式赋予广州南沙新区更多先行先试权。

不断强化政策支持力度。国家和相关省（市）积极研究出台新区发展的政策措施，帮助协调解决新区建设发展中面临的重大问题。国务院批准建立促进广东前海南沙横琴建设部际联席会议制度、浙江舟山群岛新区部省联席会议等新区发展高层协调机制，协调推动支持广州南沙新区金融改革创新等政策和浙江舟山群岛新区陆海联运中心建设等问题。有关部门在陕西先后批准设立国家级云计算服务创新发展试点（沣西新城）、国家航空城试验区（空港新城）、全国生态文明先行示范区、西咸空港保税物流中心等，并在中俄两国总理见证下，签约落户中俄创新园项目。四川省出台《支持四川天府新区建设发展若干政策》，涵盖财政、税收、金融、土地等 8 个方面共 23 条支持政策，对新区土地利用年度计划实行单列管理，凡是符合新区土地利用总体规划的建设项目用地优先予以保障。陕西省委省政府出台《关于加快西咸新区发展的若干意见》，进一步明确了国家赋予新区的战略定位和重要任务，着手开展《陕西西咸新区条例》的立法工作。甘肃兰州新区着力创新人才机制，加快构建“人才特区”，制定出台《甘肃兰州新区高层次人才引进的意见》及六个配套办法，为新区建设提供智力保障。

3. 深化开放合作

坚持开放带动战略，以开放促改革、向开放要红利，充分利用“两种资源、两个市场”，全方位扩大对外开放，多领域加强区域合作，在更高层次、更宽领域参与全球和区域的竞争与合作。

全方位扩大对外开放。新区牢牢把握“一带一路”战略机遇，主动适应国际经贸规则，积极参与全球分工，引进来和走出去并重，充分利用“两种资源、两个市场”，不断提升新区开发开放水平。上海浦东新区以中国（上海）自由贸易试验区建设为契机，促进开放型经济发展和转型升级，着力构建与国际通行做法和贸易规则相接轨的开放环境，进一步增强新区的对外开放门户功能。天津滨海新区加强涉外经济体制改革，积极推进中国天津自由贸易试验区建设，推动东疆建设北方国际航运中心核心功能区方案获国务院批复，努力打造北方对外开放新平台，2014 年，天津滨海新区全年实际利用外资 123 亿美元。重庆两江新区出台《重庆两江新区促进跨境电子商务发展试行办法》，率先开展跨境电商网络平台搭建、基础设施建设等工作，重庆两江新区电商产业园区正式挂牌，引进 40 多家跨境电子商务类企业，2014 年贸易额突破 5000 万元，占重庆市 85% 左右。青岛西海岸新区在全省率先开展外资准入便利化改革，建成全国唯一具备滚装船运输、集装箱运输、客货班轮运输三种模式于一体的汽车整车进口口岸，启动中韩贸易合作区建设。

深入推进区域合作。围绕提升区域整体竞争力和影响力，拓展经济发展空间，新区积极融入国家区域发展重大战略，创新合作方式，进一步深化省内、跨省区域合作。天津滨海新区把握京津冀协同发展战略实施机遇，以港口、金融、产业、科技、生态、社会、对外开放等七大领域为重点，加强与京冀合作，促进开放型经济转型升级，进一步增强北方对外开放门户功能，2014 年利用内资 892 亿元。陕西西咸、贵州贵安等新区与省内利益相关地市和重要职能部门签署了战略合作协议，建立了定期沟通协商机制，共同探索“规划联审联批、项目联报联建、基础设施联建共享、环境保护联防联治、招商引资联动联促”等合作模式。贵州贵安新区与上海浦东新区签订“友好新区”合作协议，合作共建浦东（贵安）产业园。甘肃兰州新区设立“飞地经济”产业园，鼓励省内各市州在新区发展“飞地经济”，共同促进新区开发建设，举全省（市）

之力建设新区的格局正在形成。广州南沙新区引导港澳企业发展高端商贸服务、参与新区建设，推动一批港资总部及广州航运交易所落户，粤港澳合作建设的南沙国际仲裁中心已经开展商事仲裁服务。

（二）发展态势

2014年，新区以占全国0.17%的土地面积，承载1846万人口和2.73万亿元的生产总值，分别占全国1.3%和4.2%；实现第二产业增加值13608亿元，第三产业增加值10443亿元，地方财政一般预算收入5429亿元，分别占全国的5.4%、4%和4.2%；实现固定资产投资18259.5亿元，社会消费品零售总额5606.9亿元，分别占全国3.6%和2.2%。

1. 经济较快增长

2014年，新区地区生产总值增速总体实现较快增长，大部分新区实现两位数以上增长，其中贵州贵安、甘肃兰州和重庆两江增速超过20%。各新区经济增速普遍快于全国及所在省（市）水平（参见表

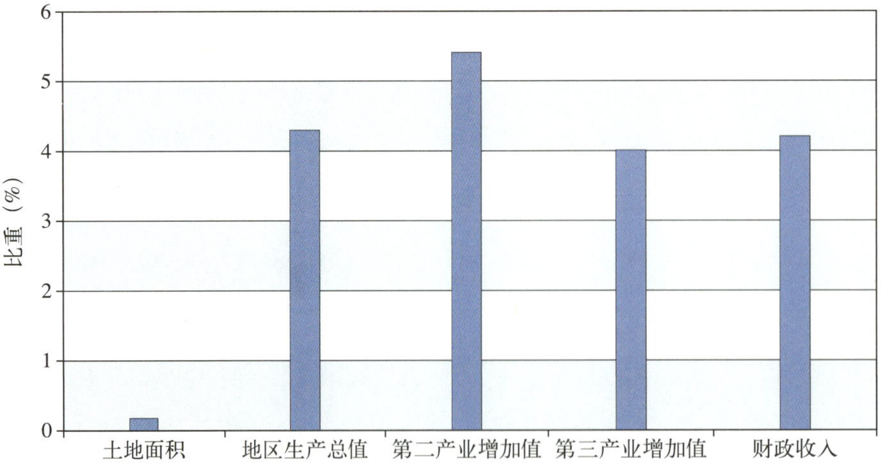

图1-11　2014年新区各项指标占全国比重

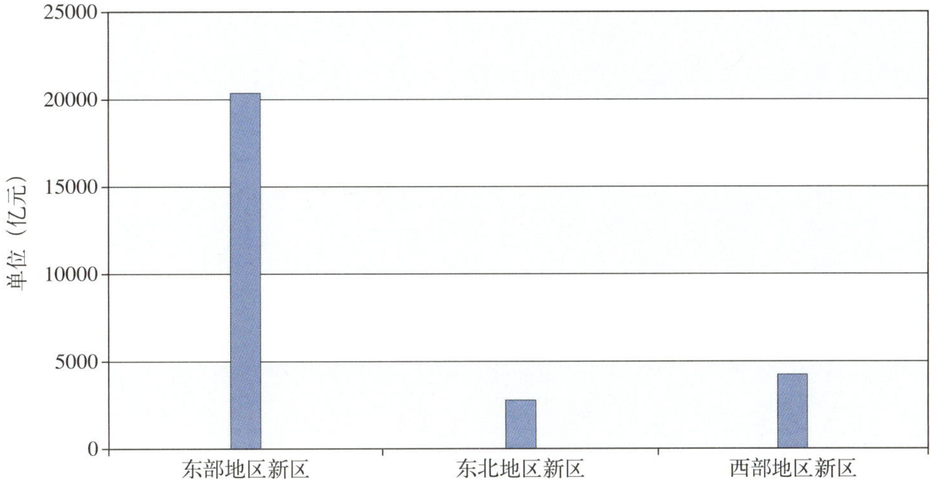

图 1-12　各板块国家级新区生产总值

3-2），其中，贵州贵安、甘肃兰州、广州南沙、重庆两江、上海浦东、天津滨海新区增速分别快于所在省（市）34.6、24.1、5.2、11.1、9.0 和 8.0 个百分点。分区块看，东部地区 5 个新区地区生产总值合计 20361 亿元，平均经济规模为 4072 亿元。东北地区的大连金普新区地区生产总值为 2729 亿元。西部的重庆两江、甘肃兰州、四川天府、陕西西咸和贵州贵安新区地区生产总值合计约 4227 亿元，平均规模为 845.5 亿元。

2. 人口不断集聚

上海浦东、天津滨海、重庆两江新区表现出较强的人口集聚力，2014 年人口规模均达到 200 万以上。其中，上海浦东新区是上海市人口最多的行政区，达到 541 万人，外来人口比重超过 40%；天津滨海新区人口呈现快速增长态势，人口规模达到 279 万人，占天津人口比重增加到 20%，其中外来人口比重超过 50%，城镇化率达到 82%；重庆两江新区人口规模达到 235 万人，占重庆市比重为 7%，其中外来人口比重约为 30%。

2010 年以后获批的新区由于发展时间较短，人口集聚效应尚未充分发挥。人口规模在 100-200 万间的有浙江舟山群岛、青岛西海岸、大

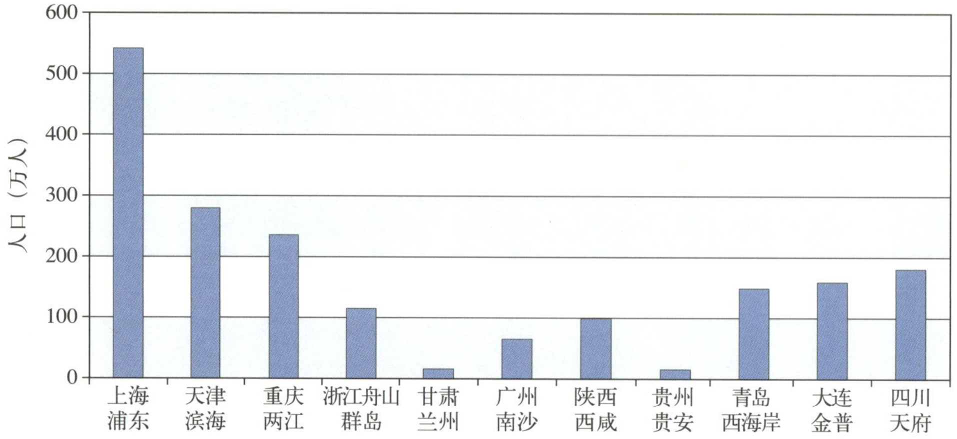

图 1-13　新区人口规模

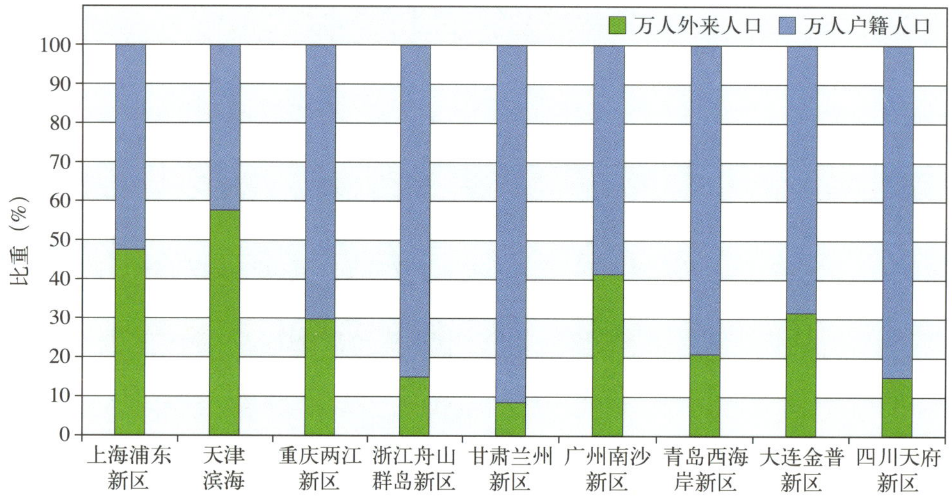

图 1-14　部分新区人口结构

连金普、四川天府新区，人口规模分别为114万人、148万人、158万人、179万人。人口规模在100万以下的有广州南沙新区和甘肃兰州新区，人口规模分别为64万人和15万人。

3. 产业结构各具特色

由于基础条件、功能定位、产业发展方向不同，新区产业结构差别明显。按照2014年产业结构情况，11个国家级新区可大体分为三种类型：

(1) 第三产业主导型，以上海浦东新区为代表。2014 年上海浦东新区三次产业比例分别是 0.4 ∶ 32.6 ∶ 67.0，其中第一产业同比下降 9%，第二产业同比增加 2%，第三产业同比增长 14%。服务业增加值达到 4761 亿元，占地区生产总值的比重已达到 67%，成为浦东经济发展的主导力量。其中，金融、商贸业、信息服务、商务服务和航运物流业的增加值占服务业的近 80%，占新区地区生产总值的 53%。

(2) 第二产业主导型，以天津滨海、甘肃兰州、广州南沙、四川天府、大连金普、青岛西海岸新区为代表。6 个新区第二产业占比均在 60% 左右，新区内均设有国家级经济技术开发区。天津滨海、广州南沙、四川天府、大连金普、青岛西海岸 5 个新区普遍形成了高端装备制造、新能源、新材料为主导的现代工业结构，其中高新技术工业产值占规模以上工业产值的比例分别为 20%、46%、32%、34%、27%，授权专利数分别达到 8589 件、903 件、9389 件、1654 件、656 件。

(3) 二、三产业双轮驱动型，以重庆两江、浙江舟山群岛新区为代表。这 2 个新区第二、第三产业比重基本持平。重庆两江新区瞄准内陆地区先进制造业和现代服务业基地的双重定位，重点发展汽车制造业、批发

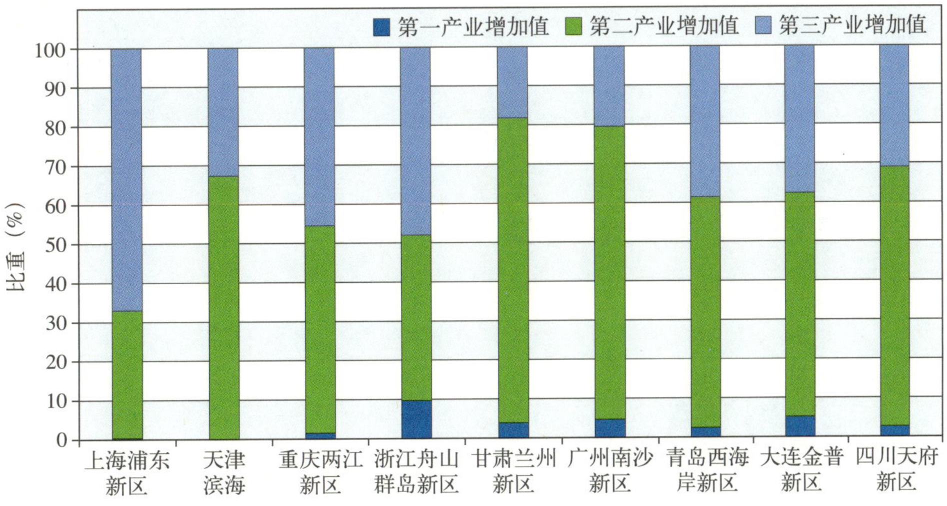

图 1-15 2014 年部分新区产业结构

零售业、建筑业、金融业、交通运输仓储业；浙江舟山群岛新区瞄准建设重要的现代海洋产业基地，重点发展港航物流、海洋工程装备与船舶、海洋旅游、海洋资源综合开发利用、海洋生物医药和现代海洋渔业六大产业。

4. 投资、外贸拉动作用有所增强

大部分新区的投资需求旺盛，进出口对经济发展的拉动作用显著。甘肃兰州新区从2011年到2014年累计完成固定资产投资1111.7亿元，年均增速为45.8%，其中2014年完成固定资产投资435亿元，是地区生产总值的4.5倍；陕西西咸新区2014年完成固定资产投资1134亿元，是当年地区生产总值的2.8倍；重庆两江、浙江舟山群岛、大连金普、四川天府新区处于重大基础设施加速建设、重点突破时期，2014年当年分别完成固定资产投资1707亿元、961亿元、2567亿元、1561.3亿元，都达到新区地区生产总值比重90%左右，分别占所在省（市）固定资产投资额的6.5%、4.1%、10.5%、6.6%；天津滨海、青岛西海岸新区固定资产投资占地区生产总值的比重稍小，但也在50%以上。上海浦东、广州南沙新区固定资产投资占地区生产总值的比重在50%以下。

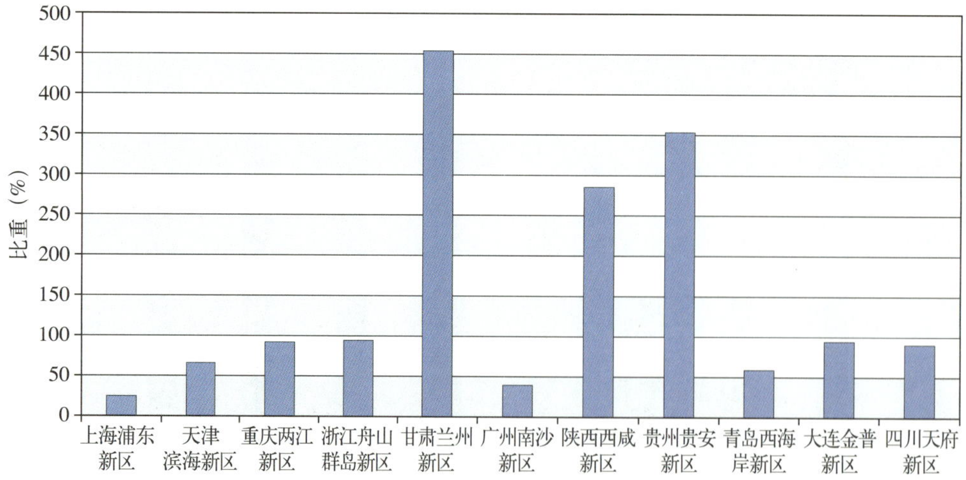

图1-16　2014年新区固定资产投资占地区生产总值比重

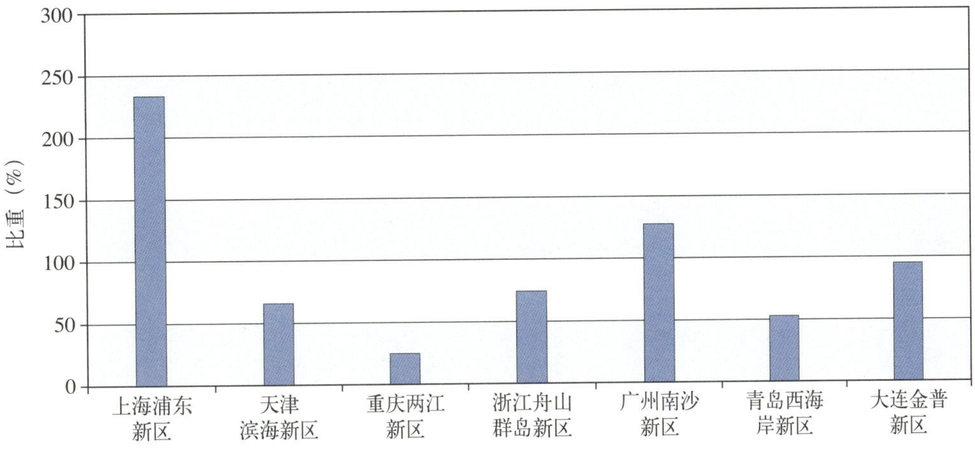

图 1-17　2014 年部分新区外贸进出口总额占地区生产总值比重

上海浦东新区 2014 年对外贸易突破 2600 亿美元，外贸依存度为 246%；广州南沙新区凭借粤港澳交汇地带的区位条件和广东自贸区的政策优势，2014 年实现进出口总额 1293 亿元，外贸依存度为 127%；天津滨海、浙江舟山群岛、青岛西海岸、大连金普新区进出口总额分别为 938.3 亿美元、123.4 亿美元、210.8 亿美元、420.5 亿美元，外贸依存度均达 50% 以上。

5. 居民收入水平提高

2014 年，新区城镇居民人均可支配收入和农村居民人均可支配收入普遍高于全国和所在省市水平。其中，平均收入最高的是四川天府新区，城乡居民收入分别达到 56191 元和 36898 元，均是 11 个新区的最高值，分别为四川省的 2.3 倍和 3.9 倍。一些新区城乡收入差距明显小于全国平均水平，在统筹城乡方面走在全国前列，其中差距较小的是广州南沙和甘肃兰州新区，两项数据分别为 35088 元和 20807 元，14831 元和 6512 元，相差 14281 元和 8319 元，仅为全国平均水平的 78% 和 45%。

表 1-1　新区和所在省（市）人均收入对比

新区 / 所在省（市）	城镇居民人均可支配收入（元）	农村居民人均可支配收入（元）	新区 / 所在省（市）	城镇居民人均可支配收入（元）	农村居民人均可支配收入（元）
上海浦东新区	49628	21814	青岛西海岸新区	37704	17301
上海市	48841	21192	山东省	29222	11882
天津滨海新区	37914	15525	大连金普新区	31220	17500
天津市	31506	17014	辽宁省	29082	11191
重庆两江新区	29657	14125	四川天府新区	56191	36898
重庆市	25147	9490	四川省	24234	9348
浙江舟山群岛新区	41466	23783	贵州贵安新区	—	—
浙江省	40392	19373	贵州省	22548	6671
甘肃兰州新区	14831	6512	陕西西咸新区	—	—
甘肃省	21804	6277	陕西省	24366	7932
广州南沙新区	35088	20807			
广东省	32148	12246	全国	28844	10489

（三）主要问题

新区在取得诸多发展成效的同时，还存在着产业竞争力不强、要素集约节约程度不高、开发建设特色不明显等问题与不足。

1. 产业竞争力不够强

产业结构不合理现象依然存在。大部分新区产业结构仍以第二产业发展为主，第三产业对经济增长的贡献率总体不高。有的新区仍然以高耗能的能源重化工业为主，发展面临着较大的资源环境约束。在外部环境偏紧的情况下，一些新区产业出现产能过剩等问题，市场竞争环境出现恶化趋势。

自主创新能力有待提升。创新是新区开发建设的根本动力，也是国家赋予新区的重要使命，相比之下，目前大多新区还存在自主创新能力，特别是高新技术产品自主研发和转化能力不足等问题，严重制约着发展后劲和整体竞争力。特别是个别新区仍然存在偏重于向国家申请优惠政策的倾向，而忽视了充分发挥自身发展平台的作用，在创新驱动发展方面破解难题不够，仍存在较大的探索空间。

2. 要素集约节约程度不高

国土开发存在无序现象。受行政体制和强调经济增长的传统政绩考核机制等因素的影响，部分新区在开发建设中采取全面铺开的开发模式，对开发节奏和时序把握不够合理。产业园区和产业功能区布局相对分散，一定程度上不利于要素集聚效应发挥，存在基础设施重复建设、各区块间的产业无序竞争等问题。

要素利用效率有待提高。一些新区规划执行不严，出现土地集约利用程度不高等问题。个别地方存在建设用地用途安排不够合理、投入产出效率较低、开发建设与生态环境保护协调不足等问题，一定程度上对新区未来可持续发展造成影响。

3. 开发建设特色不明显

区域特点彰显不足。新区建设一般按照现代化城市标准设计推进，有别于老城区，但在建设过程中，一些新区存在城市建设定位过高，具有区域特点的自然历史景观保护和彰显不足，区域特色文化体现不够等问题，千城一面的现象依然存在。

特色产业竞争能力不强。目前，多数新区的主导产业仍集中在传统产业，具有支撑性的特色产业普遍处于培育阶段；有的新区还缺乏重大项目支撑，整体竞争能力不强，特色鲜明的专业园区发展壮大有待时日，特色化产业发展优势尚未形成。

三、2015 年全国新区建设发展的方向和重点

2015 年是全面深化改革的关键之年，是全面推进依法治国的开局之年，稳增长、调结构任务很重。我国经济发展进入新常态，中央对促进区域协调发展提出了新的要求，要拓展区域发展新空间，统筹实施“四大板块”和“三大战略”，完善差别化的区域发展政策，区域发展步入新阶段。新区既面临难得的发展机遇，也将承担更重要的历史使命和任务。

新区建设要全面贯彻党的十八大和十八届三中、四中全会精神，以邓小平理论、“三个代表”重要思想、科学发展观为指导，深入贯彻习近平总书记系列重要讲话精神，按照“四个全面”的战略布局，紧紧围绕区域发展总体战略和“一带一路”、京津冀协同发展、长江经济带等重大国家战略，严格落实国务院批复、新区发展规划及总体方案明确的功能定位与发展方向，突出体现落实国家重大改革发展任务和创新体制机制的试验示范作用，立足实际、找准定位、积极探索、寻求突破，加快集聚特色优势产业，推动产城融合和新型城镇化建设，提升经济发展质量和规模，提高资源利用效率，改善生态环境质量，建设成为引领经济发展新常态的新引擎、新时期深化改革创新的新载体、新形势下全方位扩大开放的新窗口、新格局下促进协调发展的新示范，在实现保持中高速增长和迈向中高端“双目标”上发挥重要引领作用。

（一）把握发展环境

经济发展新常态下呈现速度变化、结构优化、动力转换三大特点，传统发展模式难以为继，新区发展要充分认识新常态、率先适应新常态、积极引领新常态。

1. 经济发展的新常态

经济发展新常态下，国内经济处于增长速度换挡期、结构调整阵痛期和前期刺激政策消化期叠加阶段。经济结构调整与矛盾化解任务繁重，传统发展模式难以为继。这要求新区需注重节约集约利用土地、水、海域等资源，切实提高资源利用效能；要充分考虑区域资源环境承载能力，科学确定主导产业，促进优势产业集聚发展，增强规模效益；要重点发展知识技术密集、资源消耗少、成长潜力大、综合效益好的新兴产业，从而促进新区经济增长速度和质量在未来较长时期引领全国和所在省（市、区）的总体水平。

2. 全面深化改革的新机遇

我国体制机制改革的深刻性、复杂性、艰巨性前所未有。中央推进新一轮简政放权，行政审批制度改革，实施权力清单管理，健全事中事后监管体系等对政府治理能力提出更高要求，规范化、制度化水平将进一步提升。国务院赋予新区先行先试的权利，要求新区突出体现落实国家重大改革发展任务和创新体制机制的试验示范作用。新区要建立高效运转的行政管理机制，构建现代社会治理体系，营造良好营商环境。围绕重大问题先行先试，发挥新区的自主发展权、自主改革权、自主创新权，创造可复制、可推广的经验。

3. “三大战略”的新格局

今后一个时期，国家将重点推进实施“一带一路”、京津冀协同发展、长江经济带三大重大国家战略，进一步优化区域发展空间格局，加强国际国内开放合作，促进各地区协调发展、协同发展、共同发展。新区要在落实重大国家战略中发挥重要作用，承担重要历史使命，形成最具活力的区域经济新增长点。新区要充分发挥对外开放合作方面的比较优势，从贸易畅通、资金融通、人才交流等方面入手，开展更加积极主动的互利合作，不断强化新区功能，全面提升开放型经济水平，促进新区更好发展。

4. 新型城镇化的新要求

《国家新型城镇化规划（2014—2020 年）》的出台，标志着我国新型城镇化建设的新一轮任务全面布局。以提高城镇化质量为要求的城镇化发展路径、主要目标及战略任务成为国家级新区建设的重要背景和难得机遇。国家级新区要按照生产空间集约高效、生活空间宜居适度、生态空间山清水秀的原则，合理做好新区空间布局和用地安排。统筹考虑产业发展、人口集聚与城市建设布局，促进产业与城市融合发展，人口与产业协同集聚。适度控制开发强度，加强公共服务设施建设，不断改善区域环境质量，保持生态功能稳定，推动新区成为企业创新发展、百姓安居乐业的良好区域。

（二）突出工作重点

新区要着重增强综合承载能力，推动产业转型升级，强化辐射带动作用，集约节约利用资源，推进体制机制创新，力图探索新路径、创造新模式、形成新示范。

1. 增强综合承载能力

从公共服务、基础设施等方面着手，不断增强新区综合承载能力，既要着力满足群众生产生活需要，更要为企业创造良好发展环境和发展条件，提升新区产业和人口集聚能力。要加大工作力度，完善新区基础设施和公共服务设施，促进新区内各类基础设施互联互通，加快推进新区对外联系的跨区域重大基础设施建设。改善新区物流基础设施，完善交通运输网络，降低物流成本。推进地下综合管廊试点，合理布局教育、医疗、文化、旅游、体育等公共服务设施，适当提高建设标准。维护公平的市场竞争环境，发挥市场在资源配置中的决定性作用，在制定税收、财政支出、产业等方面政策时，要严格执行国家政策，避免造成非良性竞争。把生态环境质量逐年改善作为新区发展的约束性要求，严把新区环境准入条件，严格生态空间用途管制，统筹处理好经济发展和生态建设的关系。

2. 推动产业转型升级

加强对产业布局的统筹规划和科学管控，引导国家级和省级重大产业项目优先向新区集中。依托现有的国家级和省级经济技术开发区、高新技术产业园区、海关特殊监管区域等，建设产业集聚区，打造一批特色鲜明的专业园区，不断壮大产业集群，发挥产业集聚优势，提高新区产业综合竞争力和企业经济效益。集聚创新资源，壮大创新创业人才队伍。人才引进培育政策向新区倾斜，探索实行国际通用的人才引进、培养、使用、评价、激励机制，集聚一批领军人才。搭建人才创新发展平台，加快创新创业服务体系建设，吸引优秀人才在新区创业。设立产业化示范基地和科技成果转化服务示范基地。结合功能定位和区域优势，编制产业发展规划和行动方案，以新产业、新业态为导向，大力发展新一代信息技术、生物、高端装备制造、高端服务、现代物流等战略性新兴产业和高新技术产业，完善产业链条和协作配套体系，优化产业结构，培育新的经济增长点。

3. 优化招商引资环境

招商引资是新区最重要的工作之一，让项目尽快落地、让企业尽快盈利是新区最重要的任务之一。新区发展建设主要靠增量，最关键的是要吸引更多企业落户，要保持新区持续发展活力，必须有“五个一批项目”，即一批在谈项目、一批签约项目、一批动工项目、一批在建项目、一批投产项目。新区制定发展规划、建设基础设施、优化城市功能、推进体制机制创新等各项工作都要围绕服务企业发展这个重点。要注重新区品牌营造，树立对外招商的良好形象，通过搭建各类招商引资平台，积极开展富有实效的招商活动。通过园区招商、以商招商，创新招商选资、引智模式，积极吸引社会投资，实现合作共赢。充分利用市场机制引进各类金融机构及其分支机构，加快完善金融服务体系。借鉴中国（上海）自由贸易示范区的成功经验，按照国际通行标准推动体制机制改革创新和对外开放，实现投资和优质要素进出便利化。进一步优化新区内各类功能区布局，增强新区的整体实力及对周边区域的辐射带动能力，促进区域一体化发展。积极创新合作模式，建立新区和周边区域招商引资合作及利益分享机制，支持新区与省内外有条件的地区建立“飞地经济”、“战略联盟”等合作机制。

4. 构建绿色生产生活方式

实行最严格的耕地保护制度和节约用地制度，严控增量、盘活存量、优化结构、提高效率，严格土地用途管制，强化新区建设用地开发强度、土地投资强度、人均用地指标的整体控制。营造人与自然和谐共处的生态环境，划定生态保护红线。将生态环境质量逐年改善作为新区发展的约束性要求，加强新区生态管治，严格生态空间用途管制，统筹处理好经济发展和生态建设的关系。规范环境公共基础设施建设、运营，加强新区环境监测、监控能力建设，完善环境风险防控体系。推行第三方环境服务，推进排污权有偿使用和交易试点。推动新区绿色循环低碳发展，大力发展节能环保产业和绿色循环经济，推进新区清洁化、循环化、生态化改造，加快构建覆盖全社会的资源循环利用体系，创建低碳园区、低碳社区、低碳企业和低碳小城镇，积极开展国家级生态文明试点示范。

5. 强化投融资保障

高度重视新区投融资工作在“稳增长、调结构、促改革、惠民生”中的重要作用，加大投融资工作力度，加大与各类金融机构合作，支持一批基础设施、民生保障、产业发展领域的重大重点项目尽快投资建设。充分利用发挥开发性金融的撬动引领作用，创新投融资模式，加快推广政府和社会资本合作，积极设立产业引导基金、风险缓释基金等各类基金，积极利用发行企业债券、项目收益债券、保险信托计划等多种融资方式，创新试点债贷组合、投贷结合、租贷组合、资产证券化等融资模式，在新区建立起多元化、可持续的资金保障机制。加强风险防控，确保新区政府存量债务平稳过渡、增量债务风险可控，积极协助金融机构稳妥有序化解企业债务风险，优化新区金融环境。

（三）创新体制机制

1. 深化行政审批制度改革

根据新区建设发展需要，最大限度地赋予新区行政管理机构相关管理权限。按照大部制、综合性、简政效能的原则，创新整合行政管理职能，加快建立统一高效的综合管理体制机制。制定有针对性的统计和考核指标体系，建立量化绩效考核标准，开展分类考核和定期考核。建立健全权力清单制度，推动新区成为深化改革、简政放权的先行区。不断探索与新区发展阶段相适应的行政管理体制，根据新区发展的实际需要，适时推进行政区划调整，不断增强新区行政统筹能力，整合行政管理资源，创新行政管理体制，提高行政效率。

2. 推进重点领域率先突破

以全面深化改革为动力，积极探索有利于新区健康发展的体制机制，结合自身优势，每年围绕1—2个重大问题开展试验探索，力争取得进展和突破，为其他地区发展提供示范、借鉴，创造可复制、可推广的制度和机制。支持上海浦东新区重点围绕自由贸易试验区制度创新，在金融、贸易、航运等方面加快构建开放型经济新体制开展探索。支持天津滨海新区重点围绕京津协同创新体系建设和港区协调联动开展探索。支持重庆两江新区重点围绕打造丝绸之路经济带和长江经济带重要交汇点，推动建立内陆通关和口岸监管新模式开展探索。支持浙江舟山群岛新区重点围绕打造江海联运中心，推动建立高效便捷的通关和口岸监管模式开展探索。支持甘肃兰州新区重点围绕深化政府服务创新，在建立促进产业集聚和科技创新新机制方面开展探索。支持广州南沙新区重点围绕自贸试验区制度创新，构建与国际投资贸易通行规则相衔接的基本制度框架开展探索。支持陕西西咸新区重点围绕“一带一路”建设，创新城市发展方式和以文化促发展的有效途径开展探索。支持贵州贵安新区重点围绕构建产城融合发展的新机制，以产业集聚促进新型城镇化发展开展探索。支持青岛西海岸新区重点围绕提升深远海资源开发能力，形成以海洋科技创新促进海洋产业发展的有效途径开展探索。支持大连金普新区重点围绕深化面向东北亚区域开放合作，推动构建现代产业体系开展探索。支持四川天府新区重点围绕深化土地管理制度改革，构建有利于产业集聚发展和城乡一体化发展的体制机制开展探索。

支持湖南湘江新区重点围绕创新生态文明机制，推动建立综合性生态补偿机制，走绿色低碳循环发展道路开展探索。支持南京江北新区重点围绕实施创新驱动发展战略，以自主创新引领产业转型升级、以制度创新促进区域协同发展开展探索。

（四）优化发展格局

根据不同新区的功能定位和所处的发展阶段，实施差异化、各有侧重的发展策略，促进新区有序发展，优化新区空间布局。

1. 有序拓展新区布局

适应经济发展和全面深化改革的需要，落实区域发展总体战略和三大战略要求，严格遵守主体功能区、城镇化战略的要求，着眼于促进东中西互动南北方协调互动，兼顾效率和公平，按照总量有控制、功能有区分、区位有特点的原则，选择有条件的地区有序推进新区设立，进一步拓展新区布局，丰富新区功能。

2. 不断改善新区面貌

坚持产城一体，实现产业发展与城市建设互相促进、融合发展。支持新区加快城市基础设施和公共服务设施建设，推动城市部分功能转移搬迁到新区。支持新区加快保障性安居工程建设，构建稳定的职工生活社区，吸引、留住产业技术工人，不断提高高素质人口集聚能力。重视新区城市设计工作，指导新区开发建设传承历史文化，突出特色风貌。

3. 构建和谐发展环境

按照生产空间集约高效、生活空间宜居适度、生态空间山清水秀的原则，合理做好新区空间布局和用地安排。按照新区发展总体规划，充分考虑区域资源环境条件，构建科学合理的城镇化布局。优先划定永久基本农田红线，确保生态安全。划定城市开发边界，防止城市建设无序扩张。坚持城乡统筹，支持新区建立城乡统一的户籍管理制度，加快推动农业转移人口市民化。鼓励新区探索农村土地管理制度改革，有序推动农村土地流转，建立城乡统一建设用地市场。建立健全城乡一体的社会保障体系，逐步提高城乡基本公共服务均等化水平。

2 分报告

一、上海浦东新区①

上海浦东新区位于上海市黄浦江东岸，地处中国沿海开放带的中心和长江入海口的交汇处。下辖 12 个街道、24 个镇，区域面积 1210 平方公里。截至 2014 年底，常住人口达到 541 万人，当年完成地区生产总值 7110 亿元。

图 2-1　上海浦东新区位置图

① 分报告部分根据各新区提供素材整理形成。

（一）新区基本情况

1. 发展条件

设立初期，上海浦东新区人口密度低，1990 年拥有常住人口 133.94 万人，平均每平方公里人口密度为 2584 人，相当于上海市区的 1/5。经济规模不大，1990 年地区生产总值 60.24 亿元，占全市 8.1%，人均地区生产总值为 4498 元；工业总产值 176.85 亿元，占全市 9.5%；生产出口产品产值 29.98 亿元，占全区工业总产值 1/5。利用外资取得一些进展，但规模不大，截止 1990 年底已批准外商直接投资项目 84 个，协议总投资额 3.21 亿美元。港口设施占有重要地位，1990 年底黄浦江沿岸生产用码头泊位 186 个，全年货物吞吐量 6827.4 万吨，占全市 48.9%。人均收入和居住条件好于市区，1990 年职工年平均工资 2939 元，比全市高 54 元；人均居住面积 12.5 平方米，比市区多出近 1 倍。经过 25 年建设发展，浦东新区综合经济实力显著增强，对全市的带动作用不断提升；现代产业体系不断完善，转型发展取得积极进展，基本形成了以现代服务业为主体、以战略性新兴产业为引领、以先进制造业为支撑的现代产业体系，初步培育形成了金融、航运、贸易等要素资源的配置功能。发展环境持续改善，在一片农田的基础上，不仅建成了一流的发展硬环境；更重要的是不断通过改革开放和制度创新，初步形成了与国际惯例接轨的发展软环境。

25 年间，浦东经历了四个重要的发展机遇期。一是 1990 年 4 月 18 日党中央国务院宣布开发开放浦东，对外宣示了中国坚持对外开放不动摇的决心；二是 2005 年 6 月 21 日国务院批准浦东成为全国首个综合配套改革试点试验区，赋予浦东综合配套改革先行先试的重要使命；三是 2009 年 5 月国务院批复同意原南汇区划入浦东，开启了浦东“二次创业”新阶段；四是 2013 年 9 月中国（上海）自由贸易试验区成立，2014 年

12 月国务院决定上海自贸试验区扩区，标志着浦东新区全面进入自贸试验区时代。

2. 战略定位

围绕建设成为上海国际金融中心和国际航运中心核心功能区的战略定位，在强化国际金融中心、国际航运中心的环境优势、创新优势和枢纽功能、服务功能方面积极探索，大胆实践，努力建设成为科学发展的先行区、“四个中心”（国际经济中心、国际金融中心、国际贸易中心、国际航运中心）的核心区、综合改革的试验区、开放和谐的生态区。

（二）2014 年主要工作进展

1. 主要工作

大力推进自贸试验区建设。推进实施备案管理制度，加快落实首批 23 项扩大开放领域有关措施，深入推进商事登记制度改革，在浦东机场综保区启动跨境电商企业集中注册管理试点，在陆家嘴、金桥、张江等片区先行先试“集中登记地”政策。不断完善企业准入“单一窗口”。推出 60 多项口岸监管创新举措，探索建立具有国际先进水平的贸易监管制度。先期建设口岸监管“单一窗口”，实现一般贸易进口和船舶离港手续办理等功能试点运行。基本形成自贸试验区金融制度创新框架体系，基本建立本外币一体化动作的自由贸易账户体系，稳步推进面向国际的金融交易平台，2014 年 9 月，上海黄金交易所“国际板”正式运行。

全面推进综合配套改革试点。主动承接自贸试验区“溢出”效应，在制度联动、主体联动和区域联动发展方面形成有效机制。成立全国首家实现专利、商标、版权的集中管理和综合执法的知识产权局。推进工商、质监、食药监及价格监督检查组成的市场监管体制改革。在简政放权、国资国企改革、投融资机制改革、开发区与周边镇统筹发展机制、农村土地制度和集体资产管理制度改革等方面开展积极探索。

促进产业升级和功能提升。加大产业结构调整力度，促进高污染、高能耗、低附加值的传统制造业企业关停并转，通过产业准入标准目录限制低附加值劳动密集型产业进入。关注新兴金融领域，聚焦高端航运服务业，继续集聚和发展功能性贸易主体，进一步提升核心枢纽功能。

着力推进区域协调发展。实施支持四大开发公司“南下临港”的配套政策，全力推动临港地区开发建设。加快中部地区城镇化进程，充分发挥自贸试验区建设、临港地区开发，以及迪士尼、商飞等重大项目对中部城镇带的辐射带动效应。全面推进国际旅游度假区和世博地区开发建设。推动原有陆家嘴、张江、金桥、外高桥等四大开发区转型升级。

不断改善城市发展环境。进一步完善城市基础设施，加快骨干路网建设。推进城中村、厂中村等旧区改造工作。完成五轮环保三年行动计划。统筹城市管理资源，推进网格化管理。加大对群租、“三违”和无证经营等违法违规行为查处力度。

加大社会民生建设力度。加强人口管理与服务。坚持基本公共服务均等化和高端服务市场化相结合，引进一批优质公共服务资源，教育、卫生、文化等重大社会事业项目加快推进，养老、医疗等社会保障水平实现南北统一并逐步提升。切实做好“三农”工作，推进一批重点现代农业发展项目落地，推进农户村庄改造工程，通过多种方式增加农民收入。

2. 发展成效

经济总量不断提升。2014 年，浦东新区地区生产总值达 7110 亿元，同比增长 16%，财政总收入达 2900 亿元，地方财政收入 685 亿元，固定资产投资总额 1766 亿元，同比增长 5.2%；进出口总额 2678.7 亿美元，同比增长 7.2%；社会消费零售总额 1639 亿元 ，同比增长 8.9%；浦东新区面积和人口占全市 1/5 左右，地区生产总值和投资占全市 30% 左右，外贸进出口占全市 1/2 以上。

经济结构不断优化。2014 年第三产业实现增加值 4761 亿元，占地区生产总值的比重从 1990 年的 20.1% 增加到 67%，其中金融、商贸业占地区生产总值比重分别达到 21% 和 16%。工业结构调整稳中有进，确立了“三大三新”为主的重点行业体系，电子信息、汽车和成套设备制造业等“三大”行业年产值均超过 1000 亿元，生物医药、新能源和航空航天等重点培育的“三新”行业总量规模共 500 亿元左右。

核心功能不断提升。金融机构进一步集聚。拥有监管类金融机构 844 家、股权投资及管理企业 2415 家、融资租赁企业 439 家、财富管理企业 378 家、金融专业服务机构 1059 家。航运口岸和服务功能不断增强。浦东国际航运中心核心地位进一步确立，港口集装箱年均吞吐量超过 3000 万标箱。浦东国际机场货邮吞吐量达到 318 万吨，位于全球第三。中国贸促会理算中心等高端航运服务机构相继落户。贸易功能不断拓展。外贸进出口总额突破 2600 亿美元，占全市 57.4%。消费市场规模逐步扩大，第三方支付平台交易规模占全国 60%。

创新成果日益显现。围绕深化“聚焦张江”战略，不断优化创新环境，构建区域创新体系。张江高新区成为继北京中关村和武汉东湖开发区之后第三个国家自主创新示范区。2013 年浦东全社会 R&D 投入强度达到 3.73%，高于全市平均水平。创新成果日益显现，经认定的研发机构达到 525 家，专利授权量突破 1 万件，技术交易合同金额达到 180 亿元。

社会民生事业全面加强。居民生活和社会保障水平不断提高。人均期望寿命达 83.32 岁，比 1993 年提高 7.22 岁。城乡居民收入分别达到 49628 元和 21814 元，年均增速超过 10%。每年新增就业岗位 15 万个，城镇登记失业人数始终控制在市下达指标内。南北地区的社会保障实现水平统一、制度统一、服务统一，教育、卫生、文化等社会事业均衡发展，荣获全国文明城区称号。

城市建设和管理水平稳步提高。城市基础设施投资累计达 4039 亿元，占投资总额的23%，“功能性、枢纽型、网络化”基础设施轮廓基本形成。龙耀路等越江隧道、杨浦大桥等越江大桥相继建成，轨道交通、磁浮列车等多条轨道线路投入营运，立体化交通网络基本形成。城市管理水平不断提升，网格化综合管理机制逐步完善，生产安全事故数、死亡人数和110报警类警情数量逐年下降，食品药品安全总体稳定。

3. 发展经验

以开放促改革和以改革促发展相结合。浦东开发是全方位的开发开放，包括对内开放和对外放开，通过搭舞台、建平台，吸引全国各地、世界各地的资本、人才、技术汇聚浦东，成为资本、人才、技术的高地，开发的热土。

落实国家战略和自主改革相结合。对于国家已经明确了改革方向但尚未明确改革路径的，浦东找准改革突破口，设计改革路径，形成改革路线图；对于国家尚在深化研究阶段的改革事项，浦东从问题导向出发，提出改革方案，争取先行先试。

改善形象与完善功能相结合。浦东开发开放将外延拓展与内涵丰富紧密结合、有序推进，从创造浦东速度、打造浦东形象到提升浦东功能。从注重经济发展速度到更加注重发展的质量效益，从注重开发区产业集聚到更加注重产城融合，从快速推进城市化硬件建设到更加注重公共服务均衡化。

干事创业和培养人才相结合。浦东是一个干事创业的大舞台，造就了一批成功的企业家和创业者，也集聚和培养了一批顶尖专家，大量的人才集聚造就了今天的浦东。

开发开放和党的建设相结合。开发建设到哪里，党的组织就建到哪里；研究“走千听万”、镇管社区、阳光驿站等具有浦东特点的党建新思路和新方法。

（三）2015年建设发展主要方向与任务

1. 加快自贸试验区建设

重点抓好四个叠加：一是自贸试验区和浦东综合配套改革叠加。浦东综合配套改革已经在转变政府职能上形成了一些改革突破，自贸试验区把加快政府职能转变作为制度创新的重点，着力探索形成地方一级政府一整套适应市场起决定性作用和更好发挥政府作用的管理体制机制。二是自贸试验区和张江国家自主创新示范区叠加。通过制度创新和科技创新的联动实现新的突破，比如保税研发和跨境技术贸易。研发和技术贸易是科技创新中心建设、高科技事业发展不可缺少的重要组成部分，通过“双自联动”政策创新，推动两者进一步发展。三是自贸试验区和国际金融中心建设叠加。陆家嘴已经形成了较好的金融产业优势，未来将进一步加快人民币资本项目可兑换、扩大人民币跨境使用、扩大金融业对内对外开放，有力推动国际金融中心建设。四是自贸试验区和国际人才创新试验区叠加。结合中关村经验，研究人才创新举措，争取创建国家级人才管理改革试验区。

2. 加快科技创新中心建设

重点抓好三方面工作：一是降低创新的门槛和成本。以张江集聚大批优秀的生物医药企业和人才为经验，进一步营造良好的创新环境，继续发挥创新平台的作用。二是促进科技创新在推动区域发展上有所作为。以张江为核心，延伸辐射创新链和产业链，向北联金桥，向南联康桥、周浦、惠南等中部城镇，形成创新创业新空间。三是重视和支持民营企业发展。民营企业已成为自主创新的核心力量，浦东与杭州、深圳等地尚有一定差距，因此未来将要大力培育引进民营创新企业和民营龙头企业，进一步提升浦东经济增长的活力。

3. 统筹推进城乡发展一体化

主要做好四方面工作：一是推进以人为核心的新型城镇化。优化城镇体系结构和空间布局，推进城市有机更新，有序推进新城建设，分类推进镇域发展，制订实施不同类型镇的公共服务设施配置标准。二是扎实推进美丽乡村建设。坚持统筹规划、因地制宜、凸显特色，积极推进以“江南水乡、现代田园”为特色的乡村环境建设，建设一批美丽乡村示范村。三是加快国家现代农业示范区建设。大力发展高端、高科技、高附加值农业，促进农业生产经营的专业化、标准化、规模化、集约化。四是积极稳妥推进农村改革。全面完成村级集体经济组织产权制度改革和农村土地承包经营权确权登记。

4. 着力保障和改善社会民生

主要做好四方面工作：一是推动实现更高质量的就业。实施新一轮促进就业政策，以创业带动就业，以援助促进就业，以培训稳定就业。二是加强社会救助和养老服务。完善社会救助体系，探索社会力量参与救助机制。落实养老服务设施专项规划，鼓励社区居家养老，扩大养老服务供给，鼓励社会力量参与养老服务，推进实施医养结合。三是完善住房保障体系。加快征收安置房建设，推进“代理经租”等试点，完善大型居住社区配套建设，高水平推进“城中村”改造。四是全面推进社会事业改革发展。推进教育整体综合改革，市、区合作开展教育改革试点，推进义务教育优质均衡发展。促进体育事业和体育产业协调发展，深化体教结合。深化医疗卫生体制改革，完善公立医院运行机制，优化医疗卫生资源布局和配置。

二、天津滨海新区

天津滨海新区地处京津冀地区京津发展轴和环渤海地区沿海经济发展带的交汇点，背靠“三北”（东北、华北和西北），面向东北亚。

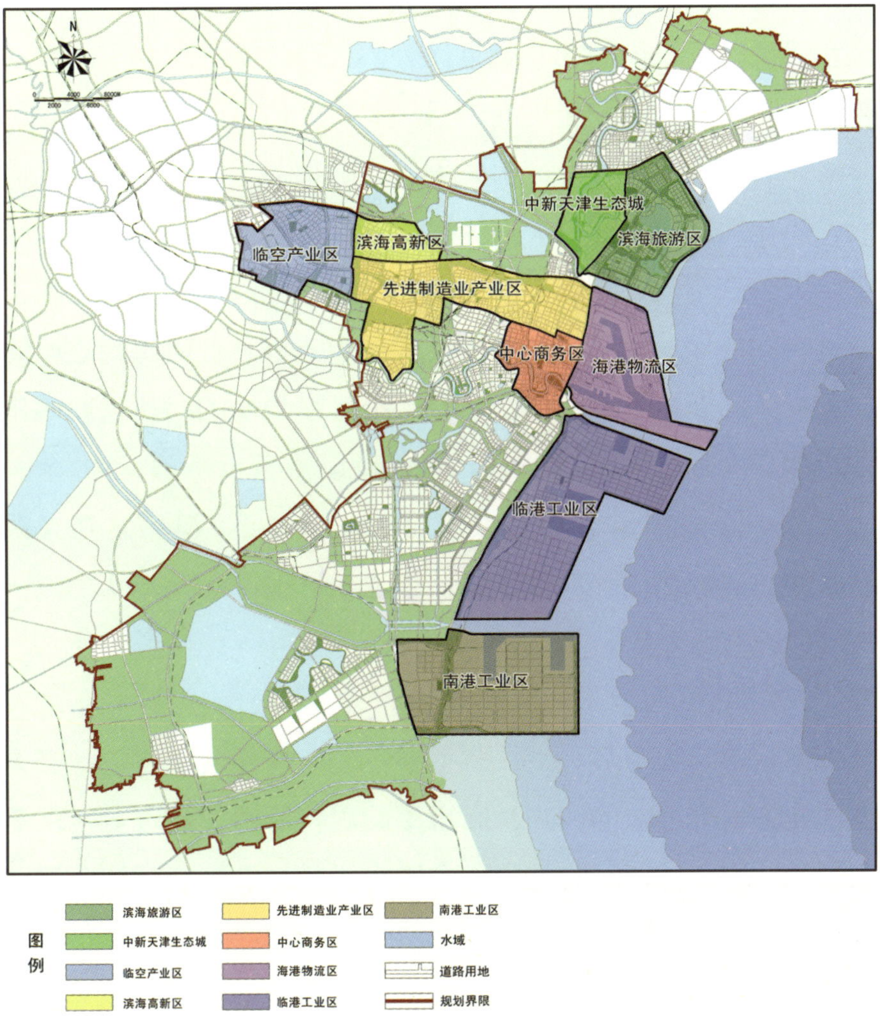

图 2-2　天津滨海新区空间规划图

距天津市中心45公里，距北京市中心160公里，陆域面积2270平方公里，海域面积2500平方公里，有可供开发利用的盐碱荒地1000多平方公里，海岸线153公里，常住人口278.72万人。辖7个功能区，19个街镇。2014年地区生产总值8760亿元，全区一般公共财政预算收入1028亿元。

（一）新区基本情况

1. 发展条件

天津滨海新区具有集港口、经济技术开发区、高新技术园区、出口加工区和保税区于一体的功能聚集优势。天津港是中国北方最大的国际贸易港口，货物吞吐量位居世界十强。天津经济技术开发区主要经济指标多年来一直在全国各开发区中处于领先地位。天津港保税区已成为服务华北、西北地区和北方最大的保税通道。区域内形成了优势比较突出的航空航天、汽车及装备制造、粮油轻纺、生物医药、石油化工、新能源、新材料和环保、电子信息等八大主导产业，具备了比较雄厚的产业基础，形成了高新技术产业群。已经形成了多层次的科技创新体系，累计建成市级以上研发中心354家，市级及以上重点实验室88个，市级及以上工程中心93个，市级及以上企业技术中心173家，在大数据、移动互联网、基因科技等前沿领域，形成杀手锏产品近100个。

2. 战略定位

依托京津冀、服务环渤海、辐射“三北”、面向东北亚，努力建设成为我国北方对外开放的门户、高水平的现代制造业和研发转化基地、北方国际航运中心和国际物流中心，逐步成为经济繁荣、社会和谐、环境优美的宜居生态型新城区。

（二）2014 年主要工作进展

1. 主要工作

管理体制。率先打破制度藩篱，组建了新区行政审批局，创建了“一个窗口流转，一颗印章审批”的审批改革滨海模式；率先在每个街镇实现“一支队伍管执法”，解决了执法职责交叉、主体不清、监管不力、保障不足等问题；积极探索权力清单制度、市场监管体系、诚信平台建设等，努力形成“一颗印章管审批，一份清单管边界，一支队伍管执法，一个部门管市场，一个平台管诚信”的管理模式。

涉外经济。坚持开放带动战略，充分利用两个市场、两种资源，在更高层次、更宽领域参与全球和区域的竞争与合作。围绕促进投资和服务贸易便利化，努力营造公平高效的行政环境、充分便利化的贸易环境、开放创新的金融环境、公正严明的法制环境、良好的人才发展环境、生态宜居的城市环境。

金融体系。推进金融创新为实体经济服务，建立了股权、碳排放、金融资产等 10 个创新性交易市场，聚集了超过全国 2/3 的股权投资企业，融资租赁业务总量占全国 1/4。

社会事业。实施“美丽滨海•一号工程”，开展“四清一绿”行动，努力改善群众生产生活环境；重点推进住房、教育、医疗、收入和户籍制度改革，创建全国社会管理创新综合试点区和全国构建和谐劳动关系综合试验区，财政用于民生领域的支出超过了 80%。

2. 发展成效

经济发展方面。2014 年，地区生产总值达到 8760.2 亿元，增长 15.5%；一般公共预算收入 1028 亿元，增长 17%；全社会固定资产投资 5780 亿元，增长 15%；商品销售总额 17231 亿元，增长 13.3%。聚集了以大飞机、大火箭为代表的一批重点项目，形成了航空航天、汽车及装备制造等八大优势产业。

社会发展方面。城乡居民人均可支配收入保持两位数增长，每年新增就业岗位 10 万个。社会保障覆盖面不断扩大，职工和居民社会保险覆盖率居全市领先水平；在全市率先实现农家书屋和村文化室全覆盖，成功举办滨海国际艺术节、滨海国际作家写作营等品牌文化活动。

科技创新方面。至 2014 年底，累计建成 300 多个国家级和省部级研发中心，国家级科技产业化基地达到 20 家，科技型中小企业和科技小巨人企业分别达到 18201 家和 964 家，科技进步对经济增长的贡献率超过 60%。

对外开放方面。累计有 128 个国家和地区、29 个省市的企业落户新区，世界 500 强企业中有 139 家跨国公司在新区投资。2014 年，全年利用外资 123 亿美元，利用内资 892 亿元；外贸进出口总额 938 亿美元。

3. 发展经验

"大部制、扁平化、强基层"的行政体制改革。将 12 个功能区整合为 7 个，将 27 个街镇合并为 19 个，制定了《新区加快街镇发展的意见》，改革街镇管理体制，全力推进"强街强镇"战略，有效整合区域行政资源，形成了"行政区统领、功能区支撑、街镇整合提升"的管理架构。

市场准入和监管体制同步改革。大力推进工商注册制度便利化改革，取消注册资本最低限制、推行注册资本认缴登记制，创新经营范围核准方式。成立天津滨海新区市场和质量监督管理局，实施全过程、无缝化监管，实现"一个部门管市场"。

国企改革和民营经济同步发展。推进国有企业战略性调整，完成 550 多家企业的清产核资和调整重组，组建国有资本运营公司、供热集团等10家一级企业集团。成立新区民营经济工作领导小组及办公室，聚焦民营企业转型升级、推动民营企业“走出去”、狠抓民营项目建设。

（三）2015年建设发展主要方向与任务

1. 促融合

主动融入京津冀协同发展战略。在积极疏解非首都功能中全面提升产业竞争力，做好产业对接、项目对接、创新对接和载体对接，与新区现有产业融合发展，培育在新型首都经济圈中最具活力的增长极。在强化生态环境保护中全面履职尽责，全面实施“五四三”大气污染措施，抓好控煤、控尘、控车、控制工业污染、控制新建项目污染“五控”治理；运用法律、经济、科技、行政四种手段合力治污；实施管理无死角、监察无盲区、监测无空白“三无”目标。

2. 抓实体

发展以高端制造业为核心的实体经济。立足产业前沿，着力引进高端装备、新一代信息技术、生物医药等领域的龙头项目，加速聚集发展新兴高端制造业。推动商业模式创新，支持制造业企业加强与商贸流通、金融服务、互联网等领域企业的合作，引导企业面向国内外积极布局营运中心和提供各类专业化增值服务的数字中心。树立现代农业发展理念，大力发展生态农业、精品农业、观光农业，构建特色鲜明的都市型现代农业示范区。

3. 强功能

增强研发、金融、航运和对外开放门户功能。以未来科技城为主载体，实施创新驱动发展战略，促进科技与三次产业融合，提高科技对发展的贡献率，创建国家自主创新示范区。以于家堡金融区为主载体，着力增强金融创新功能，面向世界、借重首都，广聚金融机构、市场、人才，推动金融服务业对符合条件的民资和外资全面开放。以东疆保税港区、中心商务区、空港经济区为主载体，落实中国（天津）自由贸易试验区政策，加快制度创新，扩大服务业开放，着力增强航运和对外开放门户功能。

4. 树标志

树立新区的城市形象标志区。用3-5年时间，集中力量开发建设中心商务区等区域，初步建设成为新区核心标志区。做好标志区的规划设计和其它区域的规划提升，加快研究制定具有自身特色的建筑风格等设计规划。加大资金投入，以持续开展大规模市容环境综合整治为抓手，优先安排项目、优先列支资金，加快提升标志区整体面貌。进一步提升管理水平，在标志区率先实行城市管理等方面的试点政策和创新举措。

5. 惠民生

办实事、办好事、见实效，使老百姓得实惠。调整优化财政支出结构，把更多财政资金投向民生领域，向农村地区和薄弱环节倾斜。通过集中建设、改造、提升一批教育、卫生等民计民生工程，进一步改善民生环境，提高公共服务水平。完善积极的就业和创业政策，做好高校毕业生、农村转移劳动力和困难群体就业工作。广开增收渠道，稳步提高城乡居民人均可支配收入。健全城乡社会保障体系和困难群体社会救助制度，实现人人享有基本社会保障的权益，确保新区率先全面建成小康社会。

6. 优环境

全面优化政务、商务、生态、文化、法治五大环境。优化政务环境，以制定实施好权力清单、负面清单、责任清单为抓手，进一步厘清政府和市场的关系。优化商务环境，加快建设能源保障设施，提高土地供应能力，推动跨地区人力资源合作开发，降低生产要素使用成本。优化生态环境，严把项目环境准入关，强化激励约束机制，深入推进绿色循环低碳的生产方式，积极倡导节约健康环保的生活方式，建设美丽滨海。优化文化环境，大力弘扬社会主义核心价值观和“开放创新、引领未来”的滨海精神。优化法治环境，坚持依法治区、依法执政、依法行政共同推进，推动法治新区、法治政府、法治社会一体建设。

三、重庆两江新区

重庆两江新区位于重庆主城区长江以北、嘉陵江以东，包括江北区、北碚区、渝北区 3 个行政区部分区域，规划总面积 1200 平方公里，可开发面积 550 平方公里。2014 年年末常住人口 235 万人，户籍人口 164 万人；

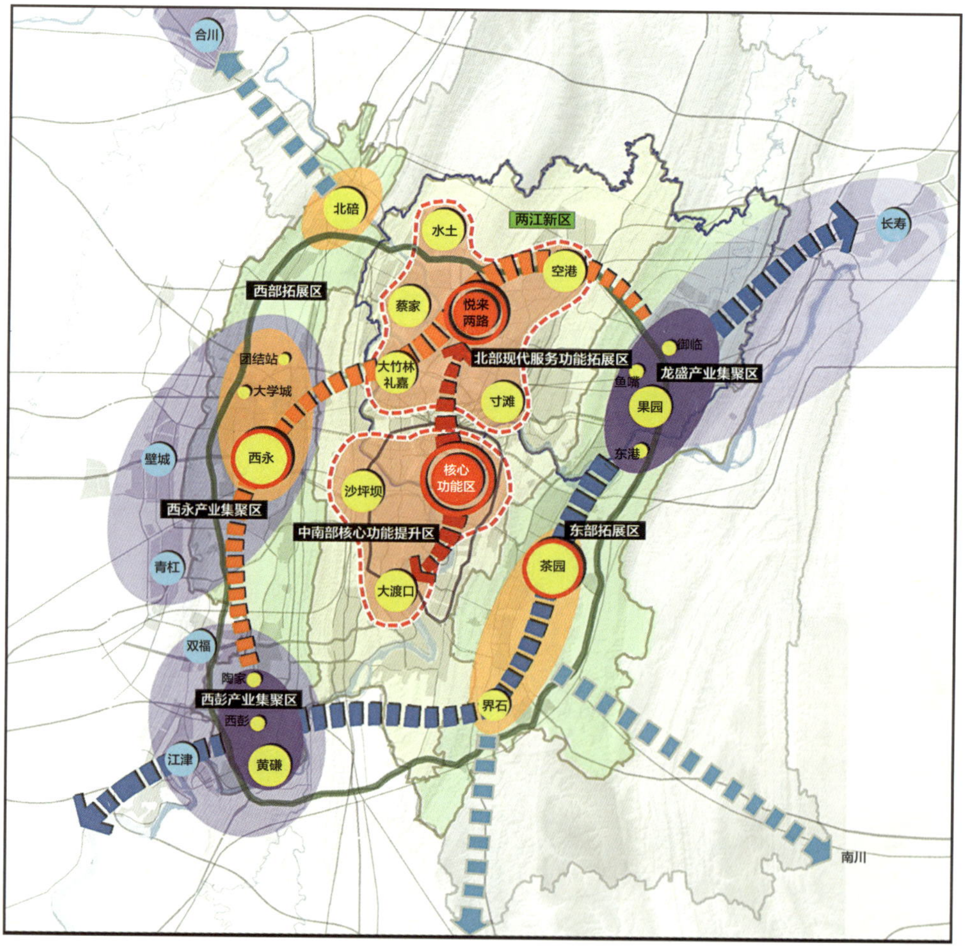

图 2-3 重庆两江新区空间规划图

实现地区生产总值 1860 亿元，全区公共财政预算收入 260 亿元。

（一）新区基本情况

1. 发展条件

产业发展初具规模，2010 年实现地区生产总值 1001.8 亿元；汽车、电子信息等制造业具备一定实力，金融、商贸等服务业快速发展。城市化水平较高，2010 年常住人口 205 万人，城市化率 78.5%；安置房、公租房等保障性住房建设加快推进，户籍制度改革顺利进行。基础设施建设提速，水陆空立体交通网络基本形成，江北国际机场和龙头寺铁路客运枢纽扩容全面启动；区域内路网初步形成，绕城高速、内环及“金”系列快速干道连通区域内各板块，轨道交通 3 号线建成通车；能源、市政、生态环保等基础设施建设大规模展开。开放平台初步搭建，两路寸滩保税港区封关运行，海关、商检等服务体系日臻完善；中韩、中日产业园启动建设，招商引资成效显著，实际利用外资快速增长。

2. 战略定位

统筹城乡综合配套改革试验的先行区，内陆重要的先进制造业和现代服务业基地，长江上游地区的金融中心和创新中心，内陆地区对外开放的重要门户，科学发展的示范窗口。

（二）2014 年主要工作进展

1. 主要工作

着力完善功能。通过打造功能平台，推动重庆两江新区成为重庆“三中心、两集群、一高地”的主战场。重点完善保税物流平台功能，建构我国内河最大港口果园港形成“水、公、铁”联运的立体物流网络。大力发展会展平台功能，有效增强信息平台汇聚能力。

着力改革创新。重点在保税港区功能拓展、金融科技创新等16个领域深化改革。积极推进大部制改革，完成市级部门派驻重庆两江新区和北部新区分支机构的整合。探索推行并联审批、重大招商项目容缺审批等行政审批改革；积极探索“先照后证”、“三证合一”的企业登记制度改革。

着力招商引资。持续推进“四个一批”（“签约一批、开工一批、竣工一批、洽谈一批”）系列举措；积极试点商业保理等改革，为企业提供贸易融资、销售分户账管理、客户资信调查与评估、应收账款管理与催收、信用风险担保等服务。

着力保税贸易。紧抓“一带一路”和长江经济带建设的战略机遇，立足建设内陆开放高地，不断以开放促改革、向开放要红利，努力做大做强保税商品展示展销业务，积极推进跨境电子商务发展。

2. 发展成效

经济保持快速增长。新区地区生产总值从成立之初的798亿元增长到2014年的1861亿元，年均增长19.4%；固定资产投资从529亿元增长到1707亿元，年均增长26.4%；社会零售总额从321亿元增长到861亿元，年均增长21.8%；实际利用外资从12.6亿美元增长到44.7亿美元，年均增长26%；进出口总额从33.7亿美元增长到515.2亿美元，年均增长72.5%。对区域发展的带动作用进一步凸显，地区生产总值占重庆市经济的比重达到14.4%，比成立之初提高2.2%，进出口总额占重庆市的比重为54%，比成立之初提高21.3%。

内陆开放平台取得新进展。工业园区平台功能大幅增强，鱼复等3大工业开发区已具备承载重大产业项目的能力和条件。金融平台核心功能有新支撑，开展外商投资企业外汇资本金意愿结汇试点，新区主要创新型金融机构达 457 家。国际博览中心 2014 年举办中国金属冶金展、中华医学会重症学分会等展会活动 146 场。

立体化交通取得新突破。东西并进，开辟出铁、水、空立体化国际通道。向东依托长江黄金水道，深化通关、检验检疫的一体化，与长江流域 10 多个口岸达成合作，货物通关时间节省一半，企业成本降低近四分之一。向西依托渝新欧国际物流大通道，打造中欧贸易的“快车道”，使内陆货物出口欧洲的时间缩短至 16 天，比海运节省 20 天。空中依托江北国际机场，加快第三跑道和 T3 航站楼建设，加密国际客货运航线，实施国境 72 小时免签政策，机场客运、货运吞吐量增长速度连续保持全国前列。

发展新活力持续提升。组建了新区市场和质量监管局，人员精简了 16%，内设机构精简了 76%。全面承接 283 项市级行政管理事项，2014 年新增市场主体 7482 个，同比增长 77%。“两江新区网上政务大厅”正式上线运行，平均单件办理时间从 15.19 天减少到 1.79 天。

产业集群释放新效应。2014 年签约项目约 476 个，总投资约 1938 亿元。工业项目，北京现代汽车项目正式签约，高铝硅超薄触摸屏特种玻璃浮法研发生产基地、上汽通用五菱重庆基地二期项目等成功落地，部分项目已实现开工。服务业项目，签约引进银泰、恒大高端城市综合体、丰树两江物流产业园，黄金珠宝国际结算中心及产业园、中国智能骨干网等实现开工。

开放高地建设取得新成效。创新“保税展示、完税交易”的模式，2014 年实现保税贸易额 11.8 亿美元。新建的保税贸易中心一期已顺利开业；保税商品展示交易中心入驻企业 260 余家，2014 年实现交易额约 1.3 亿美元。跨境电商先行试点，跨境电商网络平台搭建、口岸监管基础设施建设等各项工作顺利展开，2014 年引进 40 家跨境电商企业，交易额突破 5000 万元，占全市 84%。

3. 发展经验

构建扁平高效行政管理体制。针对开发主体多、统筹协调难度大的现状，着力调整管理体制，优化机构设置，充分调动各行政区、功能区及各开发主体开发建设的积极性，形成更具有推动力、整合力、执行力的运行机制。一是成立联合开发投资公司。管委会与江北、北碚、渝北三区政府按55 ∶ 45比例共同出资、利益共享，分别组建了鱼复、龙兴、水土开发投资公司。并同步成立园区管委会，与公司合署办公，增强三个园区公司开发建设自主权，加快开发开放。二是设立两江政务中心。工商、质监、地税、国税、规划、国土房管、环保、药监等8个市级部门设立了重庆两江新区分支机构，公安、消防、外汇管理等部门在重庆两江新区设立了办事机构，审批事项全部入驻新区政务中心。三是开展大部门制改革。进一步整合市级部门在两江新区、北部新区的派驻机构。组建了重庆两江新区市场和质量监管局，主要负责重庆两江新区直管区以及市政府明确的其他区域范围内的工商行政管理、质量技术监督、食品药品监管等市场监管和服务工作。

深化行政审批制度改革。全面承接履行市级行政审批权限。按照《关于向两江新区下放市级行政审批等管理事项和权限的决定》（渝府发〔2013〕82号）精神，紧紧围绕“放得下、接得住、用得好”的“九字目标”，创新举措、积极作为，对下放新区的涉及30个部门、283项市级审批管理权限逐一对接、全面履行。率先开展审批改革试点，创新审批服务体制机制。全面开展综合执法试点。重庆两江新区管委会、北碚区政府分别抽调执法人员，共同入驻水土综合执法办公室，负责水土工业开发区行政执法的综合协调、统筹安排、督促检查和会商联络。

构建开放型经济体制。加快培育对外开放功能，着力强化服务贸易、创新金融等重点功能，打造内陆地区全球资源配置的关键节点。保税展示交易快速发展。推动保税展销平台向其它区域拓展，首个保税商品展示展销延展平台在解放碑环球金融中心开业，进一步扩大影响力。出台《两江新区促进跨境电子商务发展试行办法》，率先开展跨境电商网络平台搭建、基础设施建设等工作。大力发展金融租赁和融资租赁、金融保理和商业保理，以及消费金融、信用保证保险及互联网金融等创新性金融机构，充分发挥金融杠杆作用，促进金融与新兴产业的有机结合，制定了一套以金融撬动市场，以市场订单吸引世界知名企业云集重庆两江新区的策略，快速形成了通用航空等新兴产业集群。

（三）2015 年建设发展主要方向与任务

主动融入国家“一带一路”和长江经济带发展战略，以“强投资、壮产业、促开放、见成效”为主线，围绕大通道、大园区、大平台建设，努力把重庆两江新区打造成为西部地区的功能支点、产业聚点以及要素配置节点。

1. 全面推进体制机制改革

加快推动江北嘴构建跨境人民币业务创新试验区，积极探索“区中园”、“集散分拨中心建设”、“进境货物入区维修”等保税拓展业务。深化国资国企改革，完善新区国有企业分类监管、分类考核体系，加快新区国有企业股份制改造。深入推进行政审批制度改革，着力构建权界清晰、分工合理、权责一致、运转高效、法治保障的政务运行体系，深化“三证合一”注册登记制度改革，优化建设手续办理流程，完善网上审批服务机制，推动鱼复、龙兴工业开发区综合执法改革试点尽快实施。

2. 加快推动内陆开放高地建设

切实发挥寸滩港等沿江港口优势，努力打造内河航运最大综合枢纽港；以果园港铁路专用线开通为契机，深入研究对接渝新欧铁路系统方案。全面推进两路寸滩保税港贸易功能区试点，促进跨境电子商务与保税展示展销O2O融合发展。依托江北嘴金融中心，在金融市场等方面先行先试，探索开展离岸结算、本外币跨境投融资等各类金融创新。加大要素市场建设，推动航运交易所等做大做强；依托重庆中缅油气管道节点和石化、页岩气优势，探索推进天然气交易、石化交易中心建立；依托悦来会展，加快建设文化艺术品交易和文化演艺交易中心。

3. 大力推进重大项目建设

围绕构建综合交通网络，推进江北国际机场扩建等“三路”，礼嘉大桥等“三桥”，以及四号线一期等“三轨”建设，加大水电气讯污、河流整治及生态环境等建设投入，全面提升城市形象和环境品质。加快核心产业布局，抓紧推进北京现代汽车项目及其配套企业建设，确保按时开工，促进玉柴发动机等新开工项目尽快动工开建，推动京东方等续建项目早日竣工投产。加快鱼复等“三园两城一区”的整体开发，同时做好保障房建设和社会事业项目建设。

4. 抓好招商引资和产业培育

坚持基地化、集群化、垂直整合一体化原则，充分发挥市场优势，创造性探索好“金融+政策撬动市场、市场吸引制造及研发”等新模式，加大项目策划与推荐，汽车产业突出北京现代系集群等3个重点；电子板块突出京东方上下游产业延伸及莱宝高科O-LED6代线引入等3个重点；装备板块突出机器人产业基地成型等3个重点；航空板块突出通航基地成型等3个重点；云计算板块突出引入浪潮、斐讯盘活EC、太平洋离岸机房等3个重点。

5. 推动“一带一路”和长江经济带联动发展

着力发展江海、铁海、铁公水、陆空等多式联运，推动中亚、欧盟等丝绸之路经济带沿线区域的资源、产品等通过长江经济带输出到国内沿江地区；推动长江中上游附加值高、时效性强的货物通过“渝新欧”铁路大通道出口到欧洲。

6. 加快实施创新驱动发展战略

推进“互联网+”，打造基于互联网的协同创新平台，重点引进云计算、大数据、物联网、移动互联网、移动游戏、互联网金融、互联网教育、电子商务和文化创意等新兴科技产业龙头企业。加快实施“中国制造2025”，依托两江机器人产业园、中科院绿色智能研究院、西部唯一的国家机器人检评中心，促进制造业数字化、网络化、智能化。

四、浙江舟山群岛新区

浙江舟山群岛新区处于我国南北海运大通道和长江黄金水道交汇地带，包括 1390 个岛屿及其邻近海域，陆域面积 1440 平方公里，海域面积 2.08 万平方公里。2014 年常住人口 114 万，地区生产总值 1022 亿元，人均地区生产总值 8.9 万元，全区公共预算收入 101 亿元。

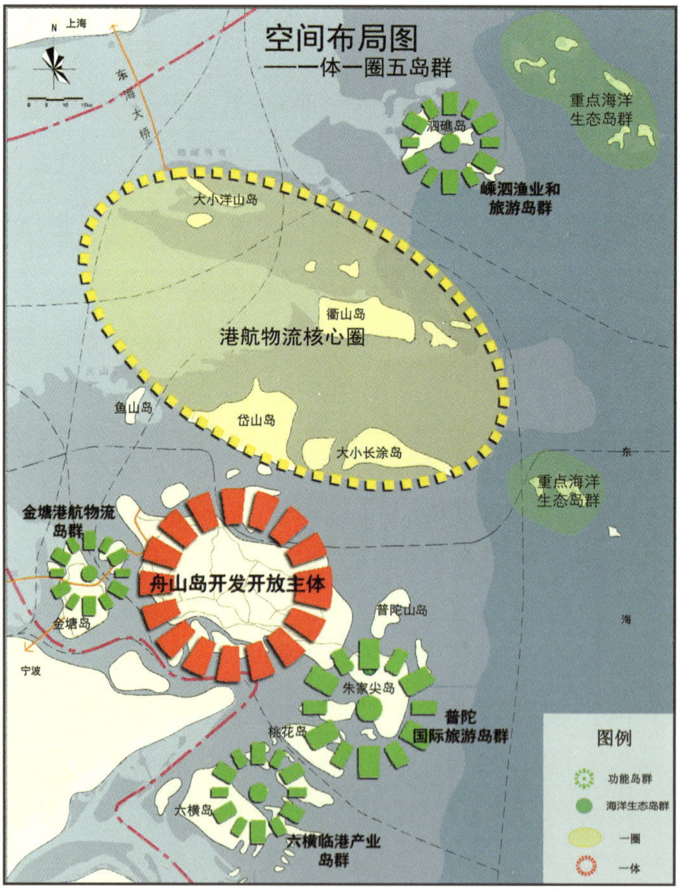

图 2-4 浙江舟山群岛新区空间规划图

（一）新区基本情况

1. 发展条件

区位优势独特，港口条件优越。适宜开发建港的深水岸线总长280公里，宁波—舟山港域目前已建成各类生产性泊位317个。海洋资源丰富，产业基础较好。岛屿面积超过500平方米的海岛数量占全国的20%，佛教文化、海洋文化底蕴深厚，油气及近海风能、潮流能等资源富集；2011年，舟山市海洋生产总值525亿元，占地区生产总值的67.9%。发展水平较高，城乡发展协调。2011年人均地区生产总值达6.84万元，城镇化水平达到64.3%，城镇居民人均可支配收入和渔（农）民人均纯收入分别达到30496元和16608元；城乡居民收入比为1.84 ∶ 1，相对差距小于浙江省和全国平均水平。民营经济雄厚，发展潜力巨大。2011年民营经济占舟山市地区生产总值比重达到65%，吸纳就业占全社会就业总量的88%。生态条件良好，人居环境秀美。空气质量优于国家二级标准天数的比重年均达到99.4%以上。

2. 战略定位

浙江省海洋经济开放水平最高、增长质量最好、产业结构最优、发展潜力最大的先导区域，长江三角洲地区经济发展的一个重要增长极，海洋综合开发试验区。

（二）2014年主要工作进展

1. 主要工作

明确新区发展路径。提出了“一中心四基地一城”的建设路径，即建设舟山江海联运服务中心，建设临港产业基地、海岛休闲基地、绿色石化基地、远洋渔业基地，建设海上花园城。

落实国家战略定位。围绕国家海洋强国战略，服务国家经济安全需求，充分发挥区位、港口优势，与中船集团、中航工业等国内外企业开展战略合作，着力打造我国大宗商品储运中转加工交易中心。

创新行政管理体制。大力推进以“三强三优”为主要内容的新区行政体制创新工作，强化新区统筹协调功能，强化政府职能转变，强化经济功能区建设，优化部门机构设置，优化乡镇街道行政区划，优化基层社会管理和公共服务。

改革行政审批制度。全力推进“四张清单一张网”建设，实行负面清单以外的企业投资项目“零审批”“零收费”，全面推行商事登记“四证联办”。推进资源配置市场化改革，在全国率先开展港口岸线、海域使用权的统一收储工作。

发展民生社会事业。强化海域、陆域、岸线和产业“四位一体”环境管控，实施以“清河净水”工程为重点的“五水共治”，加强海洋生态环境保护和整治修复，积极创建国家环保模范城市，严守生态红线。

2. 发展成效

激发了体制机制的活力。通过改革，市委工作部门精简 27.3%，市政府工作部门精简 26.5%，市本级人事编制精简 20% 以上。“大市场”监管、“大平台”检测、陆上和海上综合行政执法等管理体制改革在全省取得领先。

提升了综合服务的功能。2014 年港口货物吞吐量达到 3.47 亿吨，增长 10.6%，主要为石油、铁矿石、煤炭和粮油等大宗物资；集装箱吞吐量 74.9 万标箱，增长 29.8%。舟山港综保区本岛分区一年内实现封关运作，保税燃油供应中心突破了一船多供、跨关区燃油直供、同税号下混合调和等政策，2014 年完成直供量 66.5 万吨，增长 62.2%。

推动了重大项目的建设。2014 年完成固定资产投资 961 亿元，大陆引水二期等项目建成投产，黄泽山油品等120余个市级重点工程进展顺利，大陆引水三期等重大项目获得国家核准。实际利用市外资金402亿元，一批国内外企业对舟山发展绿色石化、临港高端装备制造、海洋新兴产业等表示浓厚兴趣。

加快了海洋经济的发展。2014年实现规模以上船舶修造业产值762亿元，增长14.4%，造船完工量、新接订单和手持订单量占全国比重分别达到11.9%、10.9%和12.6%，三家船舶企业进入世界造船30强。国际邮轮码头建成开港，水上飞机项目和旅游观光巴士投入运营，推出了新型海岛游主题产品，2014年共接待游客3398万人次，实现旅游收入338亿元，分别增长10.8%和12.8%。

3. 发展经验

探索实行扁平化的管理模式。大市场监管将原有的工商、质监、食品药品监管三局合一，成立市市场监管局，形成了商品生产、流通、消费一条龙的市场监管体制。陆上综合行政执法将十大类354项执法职能扩大到十五大类533项，打通服务群众的“最后一公里”，初步破解了“看得见、管不了”，“管得了、看不见”的执法难题。

探索实行开放统一的市场准入制度。深化行政审批制度改革，实行负面清单以外的企业投资项目“零审批”“零收费”。推进商事登记制度改革，全面推行“四证联办”。出台境外投资项目备案管理办法和外商投资项目备案管理办法，探索外资准入前国民待遇改革。建立联合竣工验收机制，变“串联验收”为“并联验收”，化“分散进行”为“集中推进”，大大提高竣工验收效率。

探索实行高效便捷的口岸监管模式。在复制借鉴上海自贸试验区贸易监管模式的同时，以保税燃油供应中心建设为平台，创新口岸监管模式、简化程序，在合适外锚地对国际航行船舶提供保税燃油直供服务，改革试点了一船多供、船舶吨税减免、跨关区燃油直供、同税号下保税燃油混合调和等政策，提高了燃供国际竞争力。

（三）2015 年建设发展主要方向与任务

1. 加快建设舟山江海联运服务中心

加快推进舟山江海联运服务中心规划建设，围绕规划建设方案明确的目标任务，以舟山、宁波相关区域为中心，加快建设国际化枢纽港、大宗商品储备交易加工基地、国际海事航运服务基地、多式联运综合交通体系。

2. 加快建设临港产业基地

发挥船企“白名单”效应，加快整合提升船舶工业，积极发展海洋工程装备、海洋生物医药、海洋新能源等产业，促进产业转型升级。发挥港航带动作用，培育一批临港高端装备制造园区，尽快启动航空产业园建设。

3. 加快建设海岛休闲基地

精心呵护普陀山金字招牌，加快建设观音文化园，丰富佛教文化旅游、禅修体验游等产品，建设世界级的佛教旅游胜地。培育邮轮游艇、养生健康等产业，建设特色小镇（街区、乡村），完善海岛旅游基础设施，办好首届世界海岛旅游大会，提高海岛旅游发展水平，大力推动海岛民宿、民居等业态发展，打造群岛型海洋休闲旅游度假目的地。

4. 加快建设远洋渔业基地

推进远洋渔业基地母港建设，建成现代远洋水产品交易市场。做强做优远洋渔业产业链，完善远洋渔业现代服务。力争到 2020 年，母港水产品进关量达到 100 万吨，基地总产出 300 亿元，其中远洋捕捞 100

亿元、市场交易100亿元、远洋水产品加工100亿元。

5. 加快建设海上花园城

优化布局，加快完善城市功能，促进产城融合发展。继续推进城乡一体化发展，加强老旧城区改造、小城市培育和中心镇发展，全面推进富民惠民。推进城乡综合配套改革，实现新型城市化。加快启动一批交通、水利、能源、围垦等重大基础设施项目，建设百里滨海大道，打造生态景观、历史文化、民生休闲、产城提升的长廊。

五、甘肃兰州新区

甘肃兰州新区位于兰州市北部，地处兰州、西宁、银川三个省会城市的中间位置，包括 6 个乡镇，总面积 806 平方公里，控制建设用地面

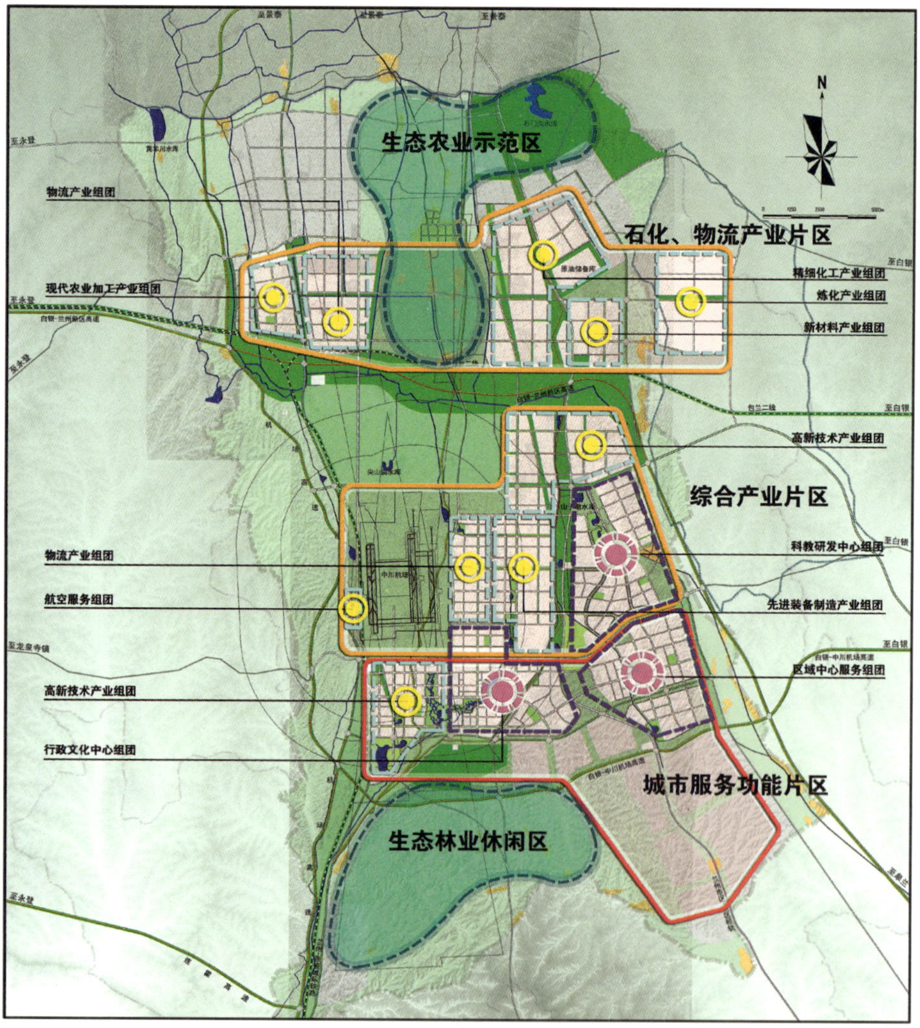

图 2-5　甘肃兰州新区空间规划图

积246平方公里。2014年末常住人口14.93万人，户籍人口13.73万人；实现地区生产总值96.36亿元，全区公共财政预算收入8.72亿元。

（一）新区基本情况

1. 发展条件

兰州新区地处连贯新欧亚大陆桥和渝新欧国际铁路大通道，是面向中西亚、中东欧国家开放的桥梁和纽带。多条公路交通干线和高速公路在此交汇，随着兰渝铁路、兰新铁路二线、宝兰客运专线等铁路干线的建设，交通基础设施水平进一步提升。要素资源比较丰富，空间开阔，地势平坦。引大入秦工程年供水量达4.43亿方，为未来建设发展提供了重要保障。国家西气东输、西油东输、西电东送管网都从兰州新区穿过，能源供应比较充足。兰州是中国西部地区重要的科研基地和教育基地，拥有各类科研开发机构700多家，兰州新区正在加快建设职教园区，为新区建设提供了科技和人才支撑。

2. 战略定位

国家重要的产业基地，西北地区重要的经济增长极，向西开放的重要战略平台，承接产业转移示范区。

（二）2014年主要工作进展

1. 主要工作

建立省市联动机制，形成开发建设合力。成立了由省长任组长的甘肃省兰州新区规划建设协调推进领导小组，出台《关于支持甘肃兰州新区开发建设政策的意见》，从财税金融、土地等方面，给予新区支持；新区被征地农民养老保险政府承担部分的70%纳入省财政承担，新区学校、医院建设的贷款由省政府贴息到还款60%。在新区设立“飞地经济”产业园，鼓励省内13个市州在新区发展“飞地经济”。兰州市委、市政府出台《支持中央和省属在兰州市区工业企业向甘肃兰州新区拓展的实施意见》等多项扶持政策，全力支持新区开发建设。

积极创新管理体制，构建高效运行机制。按照扁平化、“大部制”管理的理念，对管理职能进行整合，强化服务经济发展职能，努力形成统一高效的运行机制。推进核心区的中川镇、秦川镇和西岔镇的全面托管，托管乡镇的户籍、卫生、养老、民政福利等社会事务，都可以在新区正常办理。探索实行社区化管理模式，采取市场化的运作，对环卫保洁、园林绿化、路灯维护等全部通过外包服务来解决，降低公共运行成本。

着力创新招商机制，促进产业聚集发展。按照“引新、引高、引强、引导”的要求，紧盯“三个500强”企业和掌握国内领先、世界先进专利技术企业及行业龙头企业，强化驻点招商、上门招商和以商招商，着力引进龙头企业和产业链配套企业，延伸拓展产业链条。鼓励全市8个县区为新区推荐和引进项目，齐心协力推进新区招商引资。抽调骨干力量组成招商小分队，分赴粤港澳、环渤海等区域上门招商。邀请清华大学、北京大学、长江商学院等院校的MBA、EMBA研修班学员组团来新区考察，积极对接行业领军企业。

着力提升服务效能，推动项目落地建设。从客商的需要出发，着力简化办事程序，提升行政效能，不断优化投资环境。对招商引资、项目建设等工作审批流程进行梳理，明确了各个环节的工作时限，不断缩短办事时间。成立了六大产业园区指挥部，全部进驻园区，实行一线办公和全程代办制度，全力保障征地拆迁、基础配套、手续办理等协调服务，让入区企业集中精力抓项目，提高项目建设速度。

着力创新人才机制，加快构建“人才特区”。推进智库建设、加大人才引进力度、完善激励机制、提高人才待遇，做到人尽其才、才尽其用。针对开发初期人才聚集效应难以显现的实际，积极推进智库建设，借用“外脑”谋划新区发展，助推企业成长。设立不低于新区年度财政收入 5% 的人才发展专项资金，为引进人才提供了有力保障。

2. 发展成效

保障水平明显提高。高起点、高标准、高水平编制各项规划 57 项，指导新区科学发展的规划体系基本建立。全面实施了水、电、路、气等基础设施项目建设，核心区 100 平方公里的基础配套设施已基本建成。累计融资到位资金 488 亿元，为新区开发建设提供了资金保障。

经济实力显著增强。累计引进项目 305 个，总投资 3870 亿元，其中 2014 年引进项目 85 个，总投资 1240.5 亿元。兰石高端装备等 26 个项目已建成投产，绿地智慧金融城等 205 个项目正在加快建设，产业集聚效应正在逐步显现。

对外开放加快推进。甘肃兰州新区综合保税区 10 个海关验收必建项目加快建设，瞄准电子信息、外贸物流等重点领域，签约引进厦门优传跨境电子商务产业园、中欧金属交易中心等 24 个项目，总投资 24.6 亿元。

民生事业持续改善。累计建设保障性住房 302.4 万平方米，已分配住房 4321 套，安置居民 1772 户。加大“两后生”培训和失地农民技能培训力度，输出劳动力 1.5 万人。城乡居民社会养老保险参保 5.98 万人，被征地农民养老保险参保 1.66 万人，新农合参合 12.24 万人。

生态建设不断加强。以国家级湿地公园、新区水系、道路绿化、南北山生态建设为核心，着力构建“一心两圈”绿色生态屏障，累计完成造林绿化 14.5 万亩，其中城市绿化完成约 4 万亩，生态环境逐步改善。

3. 发展经验

形成开发建设合力。甘肃兰州新区开发建设伊始，就得到了中央和省市的大力支持。省委、省政府和市委、市政府从组织领导、政策引导、资金投入等方面都给予大力支持，上下联动，强力推进开发建设。

构建高效运行机制。学习借鉴外地经验，结合甘肃兰州新区实际，在建立廉洁高效、规范有序、管理科学的新模式方面，进行了一些探索实践，凸显了自身特色。一是机构设置精简高效。二是对三个乡镇进行全面托管。三是创新城市管理模式。

推动项目落地建设。从客商的需要出发，着力简化办事程序，提升行政效能，不断优化投资环境。一是实行流程再造。二是推行项目联审机制。三是强化“指挥部模式”。

加快构建“人才特区”。通过推进智库建设、加大人才引进力度、完善激励机制、提高人才待遇，做到人尽其才、才尽其用。一是积极推进新区智库建设。二是切实加大人才引进力度。三是打破身份界限选拔人才。四是设立人才发展专项资金。

（三）2015 年建设发展主要方向与任务

1. 着力推动产业聚集

以兰石化、正威集团、兰石集团、四联光电、科天化工、新兰药等企业为核心，围绕石油化工、电子信息、装备制造、光电制造、水性材料、生物医药等六大产业链开展招商，全力做好补链、延链和强链的文章。做好项目落地服务工作，实行一线办公和全程代办制度，加快推进项目落地建设速度。

2. 着力打造向西开放战略平台

加快兰州新区综合保税区建设，以跨境电子商务和进口商品展示销售为抓手，加快物流通道和服务平台建设，引进“两头在外”的企业 20 家以上，努力将兰州新区综保区打造成为丝绸之路经济带上重要的物流集散中心和贸易枢纽港。

3. 着力实施创新驱动战略

以兰白科技创新改革试验区为平台，设立兰白科技创新改革试验区技术创新驱动资金。推进科技与产业融合发展。抢抓战略性新兴产业发展的重要机遇，重点发展大数据和云计算产业，将兰州新区打造为区域性“大数据”产业基地和电子商务中心。加强与上海张江高新技术开发区合作，以科技创新城、亚太工业总部基地等创新平台建设为重点，吸引一批科技创新型中小微企业和高新技术企业落户新区，努力形成“大众创业、万众创新”的格局。

4. 着力推进改革创新

推行行政审批制度改革，积极开展权力清单、责任清单、财政专项资金管理清单、企业投资负面清单、政务服务网建设工作，提高行政效能。创新重点领域投融资机制，积极推进 PPP 项目运作模式。推进户籍制度改革。启动兰州新区综合执法改革工作。

5. 着力加快城镇化建设

以“双联”行动和“扶贫攻坚”行动为抓手，以小城镇和美丽乡村建设为载体，持续改善基础条件，大力培育特色富民产业，重点扶持集体经济、小微企业和经济合作社发展，不断改善农村生产生活条件，使城乡居民共享新区发展成果。

六、广州南沙新区

广州南沙新区地处珠江出海口，是大珠三角几何中心，距香港、澳门仅 38 和 41 海里，100 公里半径覆盖大珠三角主要城市。总面积约 803 平方公里，其中陆域面积 570 平方公里。2014 年年末常住人口 64

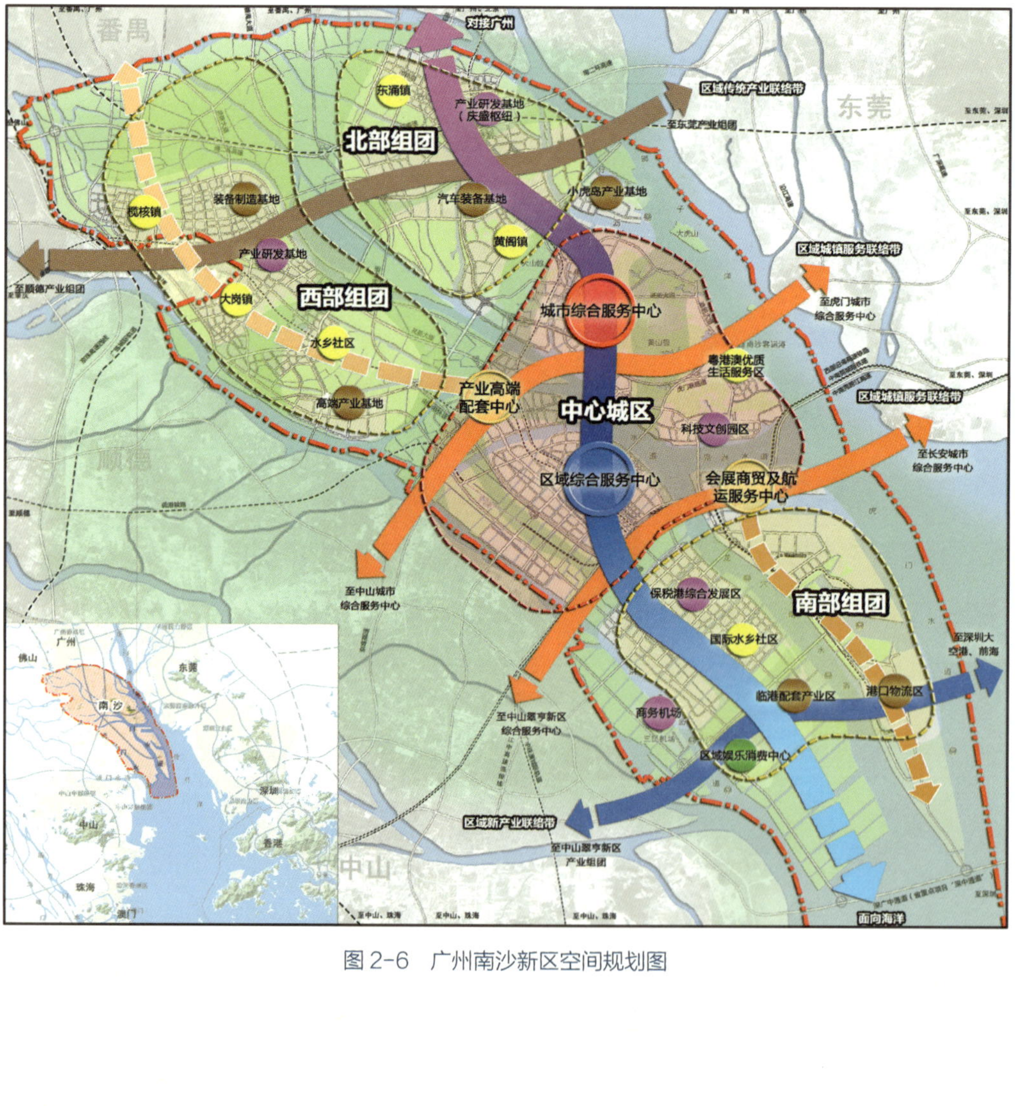

图 2-6　广州南沙新区空间规划图

万人，户籍人口38万人；地区生产总值1016亿元，全区公共财政预算收入63亿元。

（一）新区基本情况

1. 发展条件

国家级南沙经济技术开发区、高新技术产业开发区、保税港区等发展态势良好，汽车、造船、重大装备等先进制造业和航运物流、科技创新、休闲旅游等现代服务业快速发展，临港现代产业初具规模。京港澳高速、南沙港快速、广州地铁四号线、广深港客运专线、广州港南沙港区等建成投入营运，水运、空运、铁路、公路运输网络发达，区域交通枢纽功能明显增强，城市功能配套日益完善。拥有滨海湿地、岭南水乡、森林公园等多种生态资源，自然禀赋优良。建成区绿化覆盖率41%，人均公园绿地面积38平方米，人居环境优美，2011年获得联合国“全球最适宜居住城区奖”金奖。

2. 战略定位

立足广州、依托珠三角、连接港澳、服务内地、面向世界，把广州南沙新区建设成为粤港澳优质生活圈、新型城市化典范、以生产性服务业为主导的现代产业新高地、具有世界先进水平的综合服务枢纽、社会管理服务创新试验区，打造粤港澳全面合作示范区。

（二）2014年主要工作进展

1. 主要工作

建立完善领导机构和工作机制。成立区党委全面深化改革领导小组，制定《广州南沙新区2014年深化改革工作计划》，明确2014年深化改革 10 个方面 43 项重点任务，出台 18 份重要改革文件。广东省第十二届人民代表大会常务委员会第十次会议批准施行《广州市广州南沙新区条例》，以法规的形式赋予南沙更多先行先试权。

完善新区规划体系。按照新区发展规划定位，从新区、中心城区、明珠湾区三个层次规划城市发展，编制了新区城市总体规划、综合交通体系规划以及产业、生态、与港澳合作等专项配套规划，形成了完整的新区规划体系。

创新市场化投融资模式。与大型央企合作建立平台公司，全面推进明珠湾起步区项目建设，形成“政府主导、市场运作、企业参与”的市场化投融资格局。

简化商事主体登记流程。实行“先照后证”、放宽住所和注册资本限制等政策，实现个体户税务工商登记全区通办，在全市率先推行《营业执照》、《组织机构代码证》、《税务登记证》（国税、地税）“多证联办”，设立“一口受理”窗口，企业设立办证时间由原来的两周压缩为 1 天。

推进行政审批制度改革。梳理可动态调整的 21 项审批事项，落实承接了第一批省级管理事项，积极申请第二批省级管理事项，市场准入前置审批事项从 101 项压减至 18 项，精简比例为 82%；开展并联审批试点，推进网上办事大厅建设，网上审批办理率大幅提升。

推进大通关体系建设。实施了一系列通关模式改革，包括扩大粤港澳通关“绿色关锁”实施范围、实施海关快速验放机制和国际转运货物监管新模式、实施智检口岸管理模式等，通关时效提高 50% 以上。率先实施关检“三个一”通关模式，并将有关经验在全国推广，启动口岸管理“三互”机制建设，国际贸易“单一窗口”建设正在推进中。

2. 发展成效

自贸区建设全面启动。成功举办挂牌仪式，在仪式上发布了十大创新业务、启动了十大重点平台项目。建立管理架构，省、市成立了自贸试验区建设工作领导小组，并在市领导小组下成立了南沙自贸试验区管委会。入驻一批企业和项目，自贸试验区累计新设企业1296家，注册资本418亿。全面启动各区块规划建设，明确了自贸试验区7个区块功能定位和重点发展产业。

起步区建设全面铺开。总投资586亿元的重点项目加快推进，与大型央企合作开发灵山岛尖城市建设项目已正式开工建设。2014年签约项目涉及总投资500亿元，首批落地项目已取得建设用地。目前，正抓紧推进桥梁、道路等基础设施建设。蕉门河城市中心区建设加快推进，总投资400亿元的41个市政基础设施、商贸服务项目进展顺利。城市中心广场、高端商务酒店等项目已形成整体形象，160万平方米总部经济集聚区主体工程已启动。

交通枢纽地位显著提升。南沙港区三期快速推进，全年货物吞吐量达2.2亿吨，集装箱吞吐量突破1100万标箱，国际班轮航线达48条，开通珠三角及西江内河起运港水上穿梭巴士46条。地铁4号线南延段全面开工，虎门二桥、深茂铁路、广中江高速、地铁18号线、邮轮母港等项目有序推进。

经济发展取得突破。2014年，全区实现地区生产总值1016.35亿元，同比增长13%；规模以上工业产值2706.39亿元，同比增长15.1%；固定资产投资403.06亿元，同比增长60.75%；公共财政预算收入62.88亿元，同比增长19.61%，社会消费品零售总额166.17亿元，同比增长12.8%；进出口总额210.35亿美元，同比增长32.3%。全年新签约项目4767亿元，目前在谈项目近200个、涉及投资总额4000亿元，在建项目295个、涉及投资总额1326亿元，企业增资项目50个、涉及投资总额192亿元。

民生事业加快发展。2014年民生事业投入87.42亿元，占区公共财政预算支出83.26%。在全市率先将财政就业专项资金扶持对象范围扩大到本区户籍全体劳动者，实现城乡居民养老保险全覆盖，参保率达

100%。建立大病保险制度，城乡居民医疗保险参保率达 100%。涉及总投资 15.37 亿元的 13 个教育类重点项目和涉及总投资 19 亿元的 9 个医疗卫生类重点项目建设全面展开，村卫生站、社区卫生服务中心与医院实现一体化运作和管理。

港澳融合深入推进。引导港澳企业发展高端商贸服务、参与新区功能建设，集聚越秀融资租赁等 40 家港资融资租赁公司，以及天运物流等一批港澳航运物流企业，引进一批与港澳合作教育医疗项目，推动一批港资总部及广州航运交易所落户。粤港澳合作建设的南沙国际仲裁中心积极开展商事仲裁服务。

3. 发展经验

积极推进先行先试政策落实。抓紧落实国务院已批准政策，同时结合广州南沙新区发展中遇到的新问题，研究提出创新政策建议，报请中央、省支持批准实施，创造良好的政策环境和投资环境。

创新对外开放机制。以中国（广东）自由贸易试验区为契机，扩大国家级新区和自贸试验区“双区”叠加优势，把南沙推向更高水平发展新阶段。

创新市场化投融资模式。与大型央企合作建立平台公司，全面推进明珠湾起步区项目建设，形成“政府主导、市场运作、企业参与”的市场化投融资格局。

创新人才引进机制。加快推进全国人才管理改革试验区建设，实施重点人才工程。依托广州南沙新区现有平台引进一批高端人才，集聚“千人计划”专家 12 名。

（三）2015年建设发展主要方向与任务

1. 构建与国际投资贸易通行规则相衔接的制度框架

组建自贸区管理机构，对外商投资实施“准入前国民待遇”加“负面清单”管理模式，对内资项目实施“负面清单”以外告知性备案管理。配合国家和省出台和实施面向国际和港澳扩大开放措施清单，建设高效大通关体系。严格企业登记“一口受理”工作制度，强化后续监管，建设一体化多证联办信息平台。建设功能完善的事中事后监管平台，落实企业年报公示和企业经营异常名录制度，强化溯源监管。

2. 加快建设国际化市场化法治化营商环境

推进制定政府“权力清单”和“责任清单”、加快向社会组织转移政府职能等工作，加快转变政府职能。试行“一颗公章管审批”，制定审批清单，推进审批流程再造，争创审批“特区速度”。试行“一支综合执法队伍管全部”，推进综合执法改革。建立自贸区巡回审判机制，依托南沙国际仲裁中心提供三大法系仲裁服务，建立涉港澳案件商会协调机制，优化法治环境。推动信用认证和等级评价工作，加快信用体系建设。

3. 加快形成特色鲜明的政策体系

制定《广东自贸区总体方案》28项配套实施细则；细化和落实第一次部际联席会议15条政策。会同省金融办和“一行三局”制定金融15条政策实施方案，制定和实施有关金融开放政策的实施办法和操作细则。落实内、外资融资租赁行业统一管理体制改革试点，并制定配套政策。制定融资租赁产业扶持政策，全面落实检验检疫21条措施。

4. 建设国际航运中心、物流中心和贸易中心

制定国际航运中心建设三年行动计划，推进港口基础设施建设，健全集疏运体系，建立整合物流、贸易、结算等功能的营运中心。启动航运物流集聚区建设，引入、建设一批企业物流配送中心和物流仓储重点项目。推进泛珠三角经贸合作园建设，建设国际采购配送中心，打造为华南地区生产性企业提供大宗商品交易服务的交易中心，加快打造汽车进出口大通道，建设碳排放交易所、商品交易所。

5. 发展现代金融和先进制造业

加快发展融资租赁产业，推动建设融资租赁产业园区。推进投融资汇兑便利化，在跨境资金管理、人民币跨境使用、资本项目可兑换等方面先行先试，推进南沙与港澳实施同城结算，加快发展第三方支付和众筹等新兴金融产业。启动广汽丰田三期主体工程建设，推进汽车出海大通道暨全球品牌汽车展贸中心建设，形成千亿元级汽车产业集群。以中船集团龙穴造船基地等项目为龙头，重点建设千万吨级修造船及海洋工程装备基地、广东省重型装备成套供应和出海口基地。建设国家物联网标识平台等重大公共服务平台，发展物联网、智能机器人等新兴产业。

6. 构建区域科技创新体系

加强与境内外高校和科研院所合作，引进新型研发机构。设立科技银行支行、科技风投引导资金，打造完整孵化链体系。出台人才管理系列政策，打造科技创新人才政策高地。

7. 积极发展在海上丝绸之路战略中的先导作用

加强与21世纪海上丝绸之路沿线国家的投资贸易往来，发起设立

海上丝绸之路港口开发建设基金，建立沿线国家城市港口联盟，协商建立沿线国家口岸查验结果互认制度。探索泛珠三角经贸合作新模式，探索与港澳以及8省（区）合作共建泛珠经贸合作新模式，打造港澳向内地拓展、内地借助港澳通达国际市场的双向通道和重要平台。构建企业“走出去”服务体系，构建“走出去”政策促进、服务保障和风险防控体系，建设企业和个人境外投资“一站式”综合服务平台，为科技研发、贸易结算、资金运营管理提供服务，促进双向投资便利化。

七、陕西西咸新区

陕西西咸新区位于陕西省西安市和咸阳市建成区之间，包括23个乡镇和街道办事处，总面积882平方公里。2014年年末常住人口98万人，

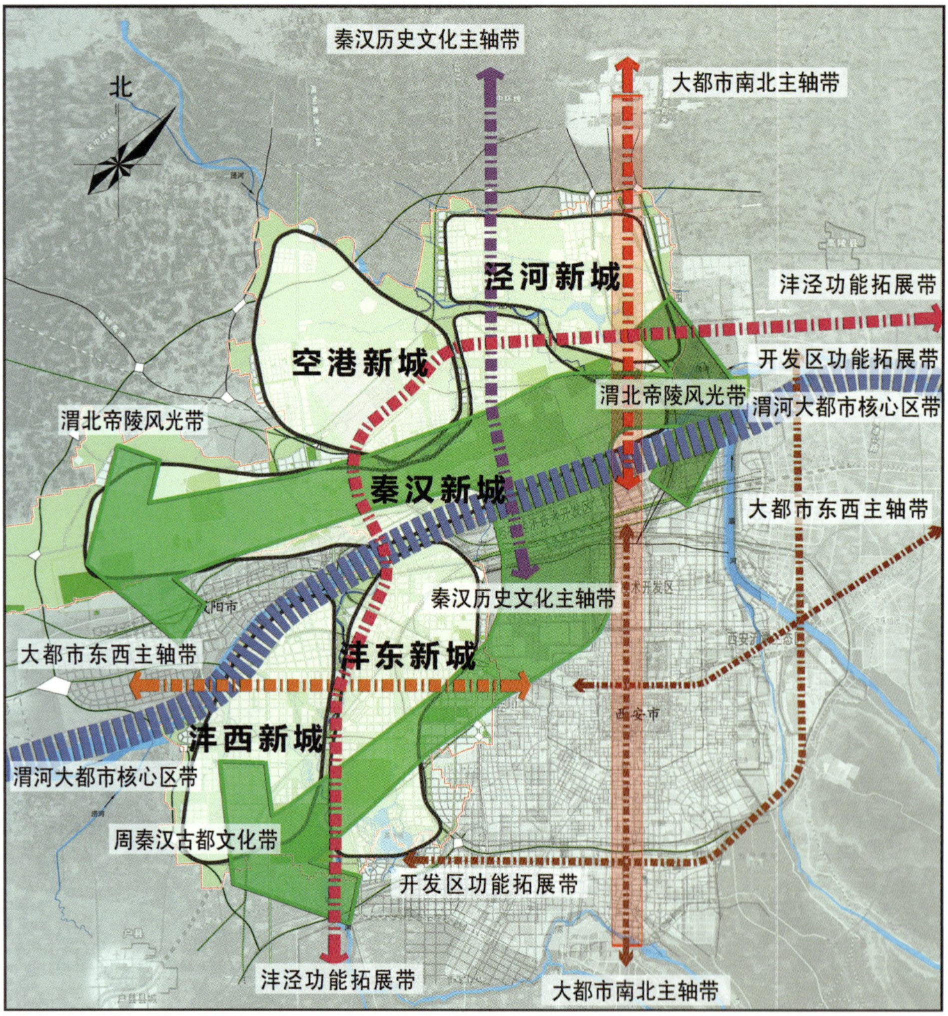

图2-7　陕西西咸新区空间规划图

其中户籍人口 94 万人；实现地区生产总值 398 亿元。

（一）新区基本情况

1. 发展条件

新区所在的西安、咸阳两市是陕西省经济基础较为雄厚的地区。陕西省现有高等院校 116 所，万人在校大学生数居西部第一，全国第四；拥有科研院所 1076 个，两院院士 63 人，各类专业技术人员 147 万人，均居于全国前列；拥有航空航天基地、国家信息产业基地，雄厚的科教实力为新区建设提供了强大的智力支持和人才保障。陕西自古以来就是中华文明的重要发源地，拥有丰富的历史文化遗存。全省现有各类文物点 3.58 万处、博物馆 151 座、馆藏各类文物 90 万件（组），文物点密度之大、数量之多、等级之高，均居全国首位。新区北依嵯峨山，南望秦岭，渭河、泾河、沣河三条河流贯穿其中，水资源富足，是关中平原八百里秦川的核心地区，具有土地集约利用和承载城市发展的有利条件。

2. 战略定位

按照核心板块支撑、快捷交通连接、优美小镇点缀、都市农业衬托的要求，创新城市发展方式，建设现代田园城市，努力把西咸新区建设成为丝绸之路经济带重要支点、国家向西开放的重要枢纽、西部大开发的新引擎和中国特色新型城镇化的范例，发挥西咸新区作为国家创新城市发展方式实验区的综合功能。

（二）2014 年主要工作进展

1. 主要工作

厘清新区定位和发展理念。在省委、省政府主要领导确立的“陕西西咸新区不是一般的开发区，而是新城市”的定位下，陕西西咸新区秉承“大开大合”的现代田园城市建设理念，将城市现代化公共服务与优美田园风光结合起来，同时实现人口承载和集约用地两个目标，强调坚守现代城市规划、现代产业体系、生态保护、文化传承、产城一体、城乡一体等重要理念。

健全以总体规划为统领的规划体系。在《陕西西咸新区总体规划》的统领下，先后编制了田园城市总体城市设计、田园生态景观、城乡统筹、公共服务设施布局、市政设施等 13 项专项规划。制定了陕西西咸新区现代田园城市建设标准和城市规划管理技术规定、控制性详规编制技术管理规定等，完成了重点片区的概念规划、控制性详细规划及城市设计。开展了陕西西咸新区现代田园城市市镇体系、优美小镇、轨道交通等专题研究。

确立统分结合的管理体制和协调机制。赋予空港等五个新城不低于西安市各开发区的权限，新区管委会按照省政府授权或委托，在发展战略、规划土地、宣传招商、财政融资、风险防控和干部人事等方面实施统一管理。与西安、咸阳两市建立了定期沟通协商机制，制定了《陕西西咸新区与西安市、咸阳市及省级有关部门沟通协调机制》，召开了 26 个省级部门参加的陕西西咸新区建设工作联席会议，“举全省之力建设陕西西咸新区”的格局正在形成。

建立加快新区开发建设的政策体系。为贯彻落实国务院批复精神，研究出台了《陕西省委省政府关于加快陕西西咸新区发展的若干意见》（陕发〔2014〕10 号），进一步明确了国家赋予新区的战略定位和重要任务，理顺了新区的体制机制，为新区加快发展注入了强劲动力。《陕西西咸新区条例》的立法工作、陕西西咸新区省部际联席会议制度等积极推进。

推进基础设施和产业体系建设。对接西安、咸阳的“五路四桥”全面开工，各新城核心区域骨干路网框架基本成形。空港新城西部飞机维修基地等项目加快推进，沣东新城大力推进统筹科技资源改革示范基地等重点板块建设，秦汉新城引进第四军医大学医教研综合园区等项目，沣西新城致力于打造新一代、升级版的科技园区，引进电信、联通、移动、广电“四大运营商”数据中心等项目，泾河新城重点发展新能源新材料和高端装备制造业，引进了华晨集团特种车生产基地等一批重大项目。

2. 发展成效

重点任务圆满完成。2014 年完成固定资产投资 1133.57 亿元，同比增长 36%，高出省考任务 8 个百分点，高出全省平均增速 18 个百分点；招商引资实际利用内资 224 亿元，完成省考任务 184 亿元的 121.7%，同比增长 46.1%；引进外资 8020 万美元，完成省考任务 5000 万美元的 160.4%，同比增长 101.5%；重大固定资产投资项目社会稳定风险评估率达到 100%，比省考任务高出 20%；储备土地 4.49 万亩，完成省考任务 3.1 万亩的 144.8%。

融资平台强化支撑。全年实际融资到位资金 285 亿元；陕西省专项出台了信贷支持文件《关于支持陕西西咸新区发展的意见》；搭建陕西西咸新区与各新城的资本纽带，承接国开行棚户区改造贷款 50 亿元。

新区形象逐渐显现。产业园区形象初现，空港临空产业园和综合保税区建设加快推进，一批项目成功签约。文化旅游项目加快建设，陕商博览馆、泾河崇文塔景区被评为国家 AAA 级景区，累计接待游客超过

80万人次。民生工程建设推进有力，今年新开工保障房1.8万套，累计建设竣工1.46万套，基本建成2.62万套。投资4.6亿元，完成2014年度渭河综合整治工程。

3. 发展经验

确立了"五龙舞西咸"为基础的统分结合管理体制。赋予空港、沣东、秦汉、沣西、泾河五个新城不低于西安市各开发区的权限，履行规划、项目、建设、土地管理等审批权限，全面负责新城开发建设工作。新区管委会按照省政府授权或委托，在发展战略、规划土地、宣传招商、财政融资、风险防控和干部人事等方面实施统一管理。两级管委会统分结合，各负其责，初步形成了"五龙舞西咸"的良好格局。

建立与西安、咸阳两市及省级部门的外部协商机制。与西安、咸阳两市建立了定期沟通协商机制，每年召开座谈会向两市通报工作进展，协商解决开发建设中的重大问题。2014年制定了《陕西西咸新区与西安市、咸阳市及省级有关部门沟通协调机制》，召开了26个省级部门参加的陕西西咸新区建设工作联席会议，多层次的外部沟通协商机制逐步建立，"举全省之力建设陕西西咸新区"的格局正在形成。

初步理顺土地、财政管理体制，投融资模式多元化。在全国同类新区中率先完成跨多个行政区的土地利用规划调整编制，建立了建设用地报批电子政务平台，实行建设用地统一报批，成为全省第十二个计划指标单列的建设用地报批单位。逐步理顺西安、咸阳与陕西西咸新区各新城及省级与陕西西咸新区的财政体制关系。在不同阶段采用差异化的融资方式，拓宽融资渠道，创新融资模式。

（三）2015年建设发展主要方向与任务

1. 创建创新城市发展方式的实验区

按照“核心板块支撑、快捷交通连接、优美小镇点缀、都市农业衬托”的格局，构建由特大城市—中等组团城市—优美小镇—村落组成的点状布局的市镇体系。将境内大遗址保护区和渭河、泾河、沣河作为城市的生态景观廊道，实现组团间绿地分隔；在市镇周边的永久农田，发展复合型都市农业，拓展城市的生态功能区，形成“开敞田园、紧凑城市”的“大开大合”空间布局。

2. 推进丝绸之路经济带重要支点建设

依托西安咸阳国际机场，建设国家级航空城实验区，打造丝绸之路经济带航空枢纽和对外开放的国际门户；依托陕西能源资源富集和交通便捷优势，建设我国西北地区重要的能源金融中心，打造丝绸之路经济带能源金融贸易枢纽；依托陕西西咸新区信息产业园，大力发展大数据、云计算等信息服务业，打造丝绸之路经济带信息枢纽；依托丰富的周秦汉历史文化遗存，规划建设具有世界影响力的秦汉历史文化旅游品牌。

3. 促进产城融合和城乡统筹

以就业为核心布局产业，通过电信联通移动广电“四大运营商”数据中心等一大批产业项目，吸引人才聚集，提高大学毕业生等人口的城镇落户率。引导城市工商业资本进入农村、农业，对传统农业进行现代化改造，让农民带着土地和劳动力两个资本进城，提高农业转移人口融入城镇的素质和能力。探索村组集体经济的股份制改造，抓好政府规划引领、龙头企业带动、农民股份合作三个关键环节，大力建设茯茶小镇、花李田园小镇、丝路风情镇等优美小镇，推进农民就地城镇化。

4. 发挥创新创业的引领作用

依托信息产业园、西安交大西部科技创新港等创新平台，为企业提供垂直化产业服务，形成产、学、研、投的产业生态体系，建设现代化的科技园区。联合金融机构及城市综合开发商，吸引天使投资、股权投资和社会资本，盘活存量资源，建设集企业孵化、商业综合、创业公寓、休闲娱乐等多种功能、产城一体的创业谷，形成青年人才的“5分钟生活工作圈”，推动大众创业、万众创新。

八、贵州贵安新区

贵州贵安新区地处贵州省贵阳、安顺两市之间，区域范围涉及贵阳市花溪区、清镇市和安顺市平坝县、西秀区的 20 个乡镇，规划控制面积 1795 平方公里。2014 年，新区全年完成地区生产总值 142 亿元，其中直管区完成 51.2 亿元；全社会固定资产投资完成 501.2 亿元，其中直管区完成 313 亿元；全区公共财政预算收入 17.28 亿元，其中直管区收入 5.58 亿元。

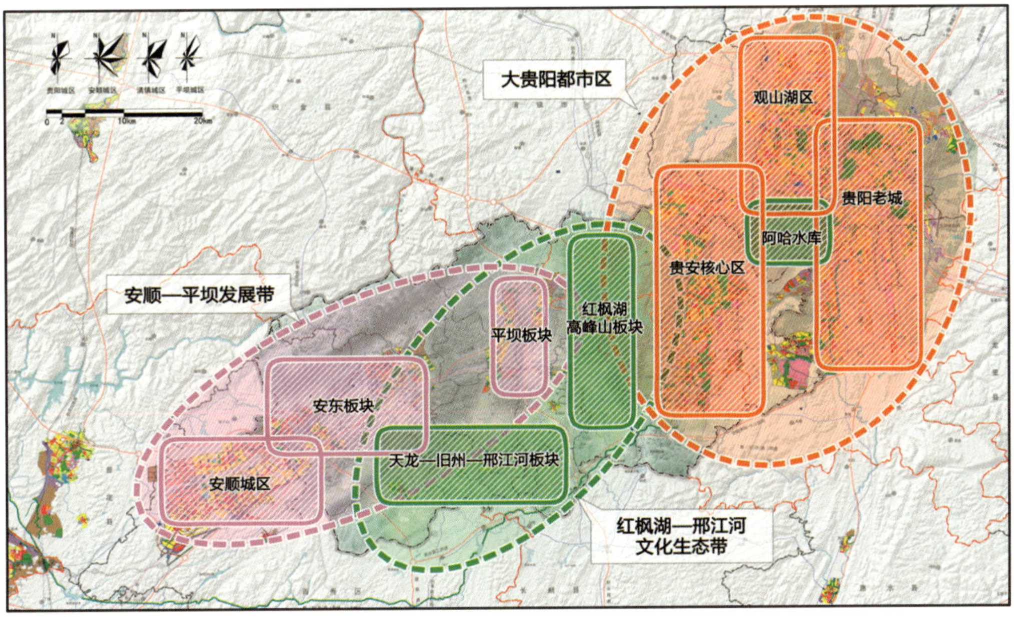

图 2-8　贵州贵安新区空间规划图

（一）新区基本情况

1. 发展条件

贵州贵安新区所在的贵阳和安顺地区是贵州省发展条件最好的地区。年平均气温为15℃左右，是天然的“大空调”、“大氧吧”，湿地总面积占24%，自然风景区面积占24%，森林覆盖率达42%。区域内有黄果树瀑布、安顺龙宫等享誉海内外的风景名胜，汉族先民创造的屯堡文化与少数民族孕育的夜郎文化。连接大西南与泛珠三角，沪昆铁路、沪昆高铁（在建）、厦蓉高速、乔望高速、普纳高速贯穿全境；龙洞堡国际机场和黄果树支线机场，航线直通东南亚、南亚、长三角、京津冀。区内可供水量为16.95亿立方米/年，120亿立方米年输气能力的中缅天然气长输管道、150亿立方米的中卫—贵阳联络线均经过新区；区域内现有发电装机容量120万kW，远期可增加到480万kW。拥有20万人规模的清镇职教城和20万人规模的贵州大学城，劳动力价格低于全国大多数省份。土地开发条件较好，在开发低丘缓坡、土地占补平衡等方面具有灵活性。

2. 战略定位

内陆开放型经济新高地，创新发展试验区，高端服务业聚集区，国际休闲度假旅游区，生态文明建设引领区，功能完善、环境优美、幸福宜居、特色鲜明的国际化山水田园生态城市。

（二）2014年主要工作进展

1. 主要工作

规划体系引领。新区规划建设委员会组建运行，新区城乡规划管理一系列规范性文件制定出台，探索推进“多规融合”。编制贵州贵安新区建筑风貌导则，形成“现代本土、多元融合、清新亮丽、生态智慧”和“绿水、青山、红瓦、白墙、披檐、收颈、竖窗、通廊”的独特建筑风貌指引。

管理体制改革。探索“统分结合”的管理体制，直管区基本建立两级扁平化管理和大部门制；率先在全省晒出“权力清单”，行政审批事项从700多项精简到149项，开通了新区、乡镇和村三级联网的网上办事大厅；实施了19条商事登记改革措施。

开发模式创新。大力探索创新企业化、市场化融资开发模式，按照“政府授权、企业管理”的原则，探索设立了3个企业化园区管委会，与园区管理公司“两块牌子、一套人马”，开展市场化运作，自负盈亏、自求平衡、自我发展。

开放平台建设。贵安综合保税区、中国—东盟教育活动周永久会址开工建设。与浦东签订“友好新区”合作协议，重点合作共建浦东（贵安）产业园和贵安金融港（金融创新实验区）。

2. 发展成效

基础设施体系初步形成。总投资400多亿元、总里程330公里的城市骨干路网和园区、大学城主要路网基本建成通车。日供水量20万立方米的小寨水厂主体工程完工，基本建成5个污水处理厂，总长450公里包括中水回用的市政综合管网基本建成。总建筑面积30万平方米的产业园生活配套区基本建成。大学城7所高校建成，二期4所高校和配套综合体建设加快推进，三期国际名校合作区启动规划建设。

重点园区快速发展。电子信息产业园、高端装备制造产业园入驻项目40余个，其中富士康第四代绿色产业园（一期）建成投产，三大通信运营商云计算基地（一期）、西部国际智能产业园等项目即将建成投产。贵阳•贵安国家大数据产业发展集聚区规划建设电子信息（大数据）

产业孵化园建成投运，入驻企业36家；年内建成“贵安云”、浪潮大数据创新中心等项目，启动中大国际电子信息（大数据）产业园、区域互联网交换中心建设。

生态环境显著改善。初步建成贵安大道等6条景观绿廊和大学城景观绿化（一期）、车田河景点等一批生态环境工程；开展了生态砂基透水和雨水收集系统示范建设，净化后的水质达到地表水Ⅲ类标准。关闭了直管区21家砂石厂和仅有的2家煤矿，搬迁污染和落后产能企业130家。开展了对饮用水水源的综合整治。

民生质量不断提升。2014年，新区全年完成地区生产总值142亿元，其中直管区完成51.2亿元，同比增长45.4%；建成13个美丽乡村，农民人均纯收入从托管前4200元增加到8560元，实现翻番；率先实施高中三年免费教育；探索设立了资金募集对象为直管区农民的集合资金信托计划，帮助农民理财，增加财产性收入。

3. 发展经验

构建了行政管理新体制。完善了“统分结合”的管理体制。与贵阳市、安顺市分别签署战略合作协议，探索建立“规划联审联批、项目联报联建、基础设施联建共享、环境保护联防联治、招商引资联动联促”等新机制，促进了直管区和非直管区联动发展、错位发展、互补发展。实行扁平化的两级管理体制。按照“小政府、大社会”的要求，进一步理顺新区部门职能职责，逐步完善大部门制，建立发展研究中心、新闻中心等5个单位，实现部门职能、机构和人员合理配置。推进行政审批制度改革。搭建了基本建设项目联网审批平台，行政审批事项从700多项精简到149项。开通了新区、乡镇、村（居）三级联网的“贵安网上办事大厅”，有效打通了联系服务群众“最后一公里”。

形成了开发模式新机制。出台了新区创新开发建设模式和园区创新发展的实施意见，实现管委会、开发投资公司共融发展。创新了土地开发利用机制。探索实行管委会对直管区土地按“统一规划、统一征收、统一储备，统一开发、统一出让、统一管理”的原则，由开投公司统一开展“融资、投资、建设、偿债”等工作，实现投融资平衡和城市建设可持续发展。积极推进总体规划与土地利用总体规划、环境保护规划、经济社会发展规划等“多规合一”，完善村镇空间布局，率先开展覆盖全区域新型社区规划。创新了园区管理运营模式。按照“政府授权、企业管理”的原则，探索设立电子信息产业园区管委会、高端装备制造业管委会等企业化园区管委会，赋予园区管委会一定经济管理权限，配置相应土地资源开展市场化运作，自负盈亏、自求平衡、自我发展。

（三）2015年建设发展主要方向与任务

1. 全力推进项目建设

重点推进科教协同创新，加快搭建大学科技园、大学生创业园、留学生创业园等创新创业平台。加快西部国际智能产业园、泰豪国际数字文化创意产业园、中德西格姆精密制造等一批重大产业项目建成投产。推进北斗卫星产业园、贵州贵安新区新能源汽车产业项目等一批产业项目建设。开工建设供电、燃气、电信等配套设施，建成各类管道450公里。

2. 打造开放经济基础

加快推进综合保税区建设，确保2015年11月份通过验收，年底封关运行。加快中国—东盟教育交流周永久会址建设，积极争取设立中非合作论坛永久会址。启动浦东（贵安）产业园、中关村（贵安）科技园、中德环保产业园和总部基地建设，搭好开放平台；加快贵阳•贵安大数据产业发展集聚区规划建设，建成服务“一带一路”沿线国家的大型国内外数据中心。

3. 大力推进城乡统筹

走出一条具备山地特色的新型城镇化发展道路。基本建成270万平方米的12个新型生态、低碳、智慧型的示范社区。加快示范小城镇、美丽乡村示范带建设。加快建设垃圾无害化处理系统。完成新区低冲击开发模式、海绵城市、园林景观设计等技术导则编制，搭建规划建设信息化管理平台。

4. 积极创新内陆开放型经济体制

全力加快综合保税区、国际休闲度假旅游区等开放平台建设，积极争取筹办“大使论坛”等，强化开放型经济招商引资，全面加快对外开放步伐。营造法治化国际化营商环境。主动参与区域开放合作。

九、青岛西海岸新区

青岛西海岸新区位于胶州湾西岸，规划范围为青岛市黄岛区全域，陆域面积2096平方公里，海域面积约5000平方公里。2014年年末常住人口148万人，其中户籍人口118万人；实现地区生产总值2453亿元。

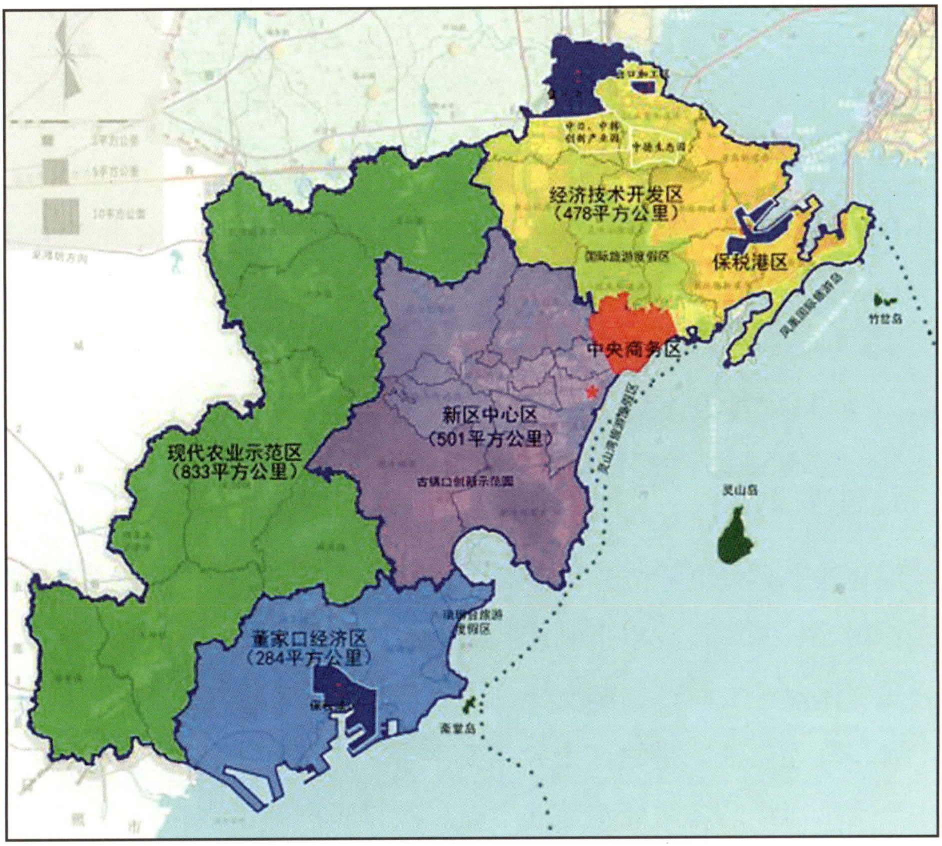

图2-9　青岛西海岸新区（黄岛区）空间规划图

（一）新区基本情况

1. 发展条件

与朝鲜半岛、日本列岛隔海相望，沈（阳）海（口）、青（岛）银（川）国家东西、南北公路大通道在区内交汇。拥有中国海洋大学、中国科学院海洋研究所等 7 个国家级海洋科教机构和国家深海基地、海洋科考船等一批国家级海洋基础科研平台和项目。拥有总吞吐能力超过 7 亿吨的前湾和董家口两个大型深水港区，2013 年集装箱吞吐量达到 1552 万标准箱，是世界第七大港口和我国五大外贸口岸。集聚了青岛经济技术开发区等 5 个国家级园区，形成了港口航运等六大千亿级产业集群，2013 年新区实现生产总值 2266 亿元，人均生产总值超过 2 万美元。

2. 战略定位

海洋科技自主创新领航区，深远海开发战略保障基地，军民融合创新示范区，海洋经济国际合作先导区，陆海统筹发展试验区。

（二）2014 年主要工作进展

1. 主要工作

深化改革创新。建立新区改革“总台账”，着力推进行政管理体制机制、用人机制、行政审批制度、综合行政执法和市场监管体制、土地综合管理体制、农村产权制度等“十大创新”。

加快转型发展。搭建“十大创新平台”，培育创新的空间载体，引进中船重工海洋装备研究院等 6 个高层次科研创新平台。培育“十大特色园区”，积极构建“616”现代产业体系。

落实重大项目。深入开展项目建设“百日会战”，实施 155 个青岛市级工业转型和技改项目，各功能区基础设施建设全面展开，一批重大支撑项目实现突破。

优化空间布局。坚持高起点规划、高标准建设、高水平管理，优化“一核双港、九区联动，生态基底、轴带贯通，组群发展、产城相融”的空间布局。

2. 发展成效

改革创新取得新突破。完成机构整合和干部调整，将15个功能区和板块整合为9大功能区，向各大功能区下放69项行政审批权限和处级及以下干部管理权限，创新用人机制，率先开展职员化管理改革试点，探索建立“身份封存、聘任上岗、按岗定薪”的灵活用人机制。成立行政综合服务中心，在全国率先全面取消社会投资类项目前置审批，政府投资类项目审批提速80%以上，新增市场主体6.2万户，增长124%。组建综合行政执法局。开展“一地多用”土地综合利用模式，探索工业用地弹性出让和存量土地退出机制。

转型发展迈出新步伐。以海洋经济发展为主题，瞄准蓝高新，加快转调创，2014年三次产业比为2.5 ∶ 58.9 ∶ 38.6，三产比重提高2个百分点。着力培育新主体、新业态和商业新模式。成立国内首家“工业4.0”推动联盟，在省内率先建立“创客联盟”，建成运营青岛能源交易中心、农产品电子交易平台，青岛汇海大宗商品现货交易市场上线交易，全省首家跨境电商产业园正式开园。企业研发投入实现翻番增长，新增发明专利申请、发明授权居全省第一，高新技术产业产值占规模以上工业产值的42.4%。签约引进总投资2100亿元的121个海洋产业项目及涉海科研机构，全区海洋产业项目达到407个，其中百亿级项目12个。六大支柱产业产值占规模工业总产值的80%以上。

功能区建设呈现新亮点。经济技术开发区在全省率先开展外资准入便利化改革，落户海尔国际信息谷、美国水下装备等高端项目。前湾保税港区建成全国唯一具备滚装船运输、集装箱运输、客货班轮运输三种模式于一体的汽车整车进口口岸。董家口循环经济区累计建成泊位21个，全国最大的30万吨级原油码头、中石化首个LNG接收站建成运营。中德生态园（国际经济合作区）国内首家中德合资设计研究院落户。古镇口军民融合创新示范区军地议事进入常态化，哈工程青岛船舶科技园等重点项目开工建设。

城市功能实现新提升。规划建设30平方公里新区核心区，灵山湾影视城、董家口新港城、古镇口海军城、王台国际城等四大城市组群加快建设。轨道交通R3线、青连铁路开工建设，地铁M1线等重大基础设施工程加快推进，疏港高架及南港一号路、开城路一期西段等道路建成通车，黄河路客货分流效果显著，村村通公交基本完成。深入开展城乡环境综合整治行动，实施30条河流综合整治，新增城市绿化面积178万平方米，完成新造林3万亩，森林覆盖率达到46%。

3. 发展经验

行政审批制度改革经验。由“审批管理”向“清单式管理”转变，清理和规范行政审批事项，建立行政权力清单、社会投资审批清单、外商投资负面清单、政务服务清单、产业发展政策清单“五张清单”。由“重事前审批”向“重事中事后监管”转变，推行备案制管理，建立行政审批“告知承诺书”制度。由“先证后照”向“先照后证”转变，探索工商登记实行主体资格与经营资格相分离模式。由“串联审批”向“并联审批”转变，实行“一口式”受理、“一站式”服务。

综合执法改革试点经验。作为全国综合行政执法改革试点单位，按照“权责统一、集中管理、统筹推进”的原则，组建综合行政执法局，集中行使城市管理、国土资源、文化市场、海洋渔业、交通运输、环境保护等领域的全部或部分行政执法权。在执法机构、执法范围、运行模式等方面均有可借鉴的经验。

社会治理改革经验。建立了由社会治理工作领导小组、社会治理办公室、社会治理信息中心构成的体制框架。街镇工作重心从抓招商引资向抓社会治理转变，理顺了镇街职能。全区划分为城市网格、村改居网格、农村网格、企业网格和特殊网格，实施网格化管理。建立完善信息排查、问题处置、工作联动、社会参与和督查考核等运行机制，制订系列配套办法措施，确保了公共服务的有效落实。

（三）2015 年建设发展主要方向与任务

1. 全面深化改革，着力推进体制机制创新

继续推进“十大创新”，重点完善“两区合一”行政体制，针对不同情况探索“法定机构管理”、“企业主导”、“市场主体”、“军地议事”等多种开发建设模式，建立健全贸易便利化支撑机制，推进跨境贸易人民币结算。

2. 扩大对外开放，积极参与国际经济合作

主动参与“一带一路”战略，统筹陆海开放；加快建设东北亚国际航运枢纽，推动董家口港和前湾港协同发展，加快大宗商品国际交易中心、定价中心、结算中心和定价指数中心建设；全面提高经济外向度，主动融入国际经济大循环，集聚国际顶端资源，促进全方位合作交流。

3. 推进稳增长调结构，打造经济转型发展新引擎

把各大功能区作为承接“四区一基地”功能定位的主阵地，年内确保每个功能区都抓出一批大项目、形成一批新亮点。突出海洋经济主题，加快产业升级、项目升级以及功能升级，以项目又好又快建设的实际成效，开创经济转型发展新局面。

4. 坚持科技引领，实施新区科技创新工程

以做强海洋基础科研、提升技术应用、促进科技成果孵化与企业培育为重点，着力构建功能区标志平台、特色园区创新平台、要素支撑平台等“三大平台”。

5. 推进产城融合，发展社会民生事业

通过构建新型城镇化体系、综合交通体系、生态建设体系、智慧城市建设体系和人文关怀体系“五大体系”，打造生态、智慧、人文特色鲜明的现代化新区；加快发展社会事业，加强和创新社会治理，推动和谐社会建设。

十、大连金普新区

大连金普新区位于辽宁省大连市中南部，范围包括大连市金州区和普兰店市部分地区，总面积约 2299 平方公里。2014 年，大连金普新区实现地区生产总值 2729 亿元，全区公共财政预算收入 155.2 亿元。

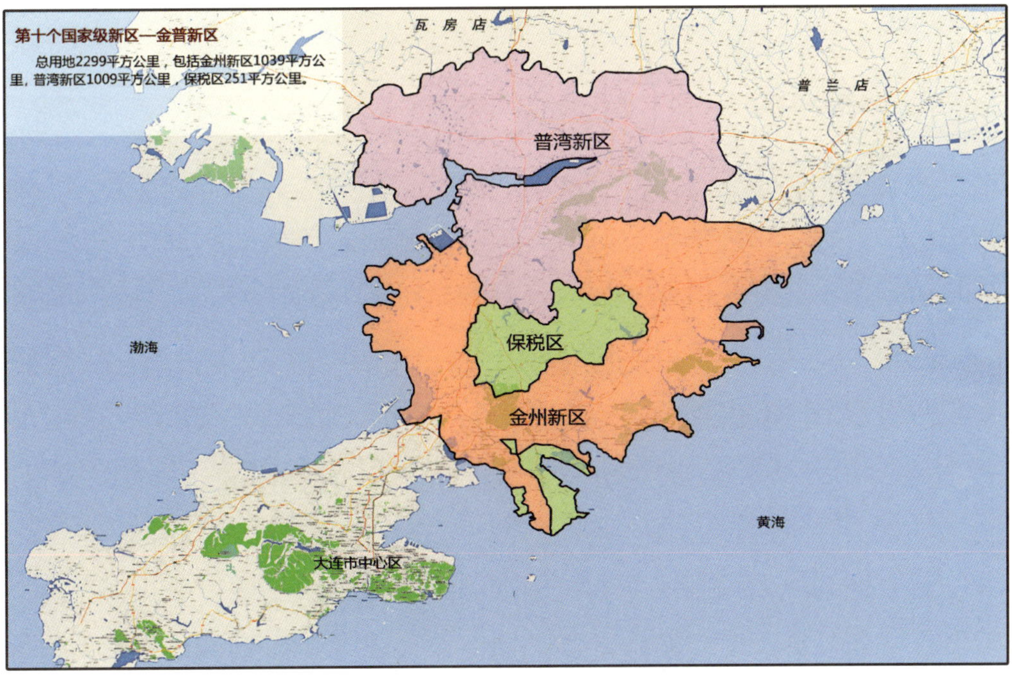

图 2-10　辽宁大连金普新区位置图

（一）新区基本情况

1. 发展条件

区位优势明显，对内是东北地区海陆联运中心，对外是东北亚国际航线的要冲。开放环境优越，拥有国家级经济技术开发区、保税区、出口加工区、旅游度假区等重要开放功能区，已有66家世界500强企业投资建设了91个重大产业项目。产业和科技基础雄厚，初步形成了高端装备制造业集群、整车及核心零部件产业集群、电子信息产业集群和港航物流产业集群，具备了在相关领域参与国际竞争的能力。海陆空交通发达，拥有万吨级以上深水泊位39个，30万吨级原油和矿石、大型粮食和汽车滚装等现代化专业泊位，目前有万吨级以上深水泊位39个。

2. 战略定位

面向东北亚区域开放合作的战略高地，引领东北地区全面振兴的重要增长极，老工业基地转变发展方式的先导区，体制机制创新与自主创新的示范区，新型城镇化和城乡统筹的先行区。

（二）2014年主要工作进展

1. 主要工作

着力推进规划编制工作。按照国务院提出的“一地、一极、三区、两中心”金普新区发展战略定位，抽调专人成立工作组，认真学习借鉴其他国家级新区的经验做法，广泛听取各方面专家学者意见，积极与省市发改委沟通对接，深入进行研究论证，科学制定顶层设计，高起点、高标准确立总体规划布局，竭尽全力把框架搭建好，绘制好总体规划与各专项规划相互衔接、互促并进的宏伟蓝图。

着力推进体制机制创新。坚持把改革创新作为加快金普新区建设的“总开关”和“金钥匙”，深入研究找出制约发展、影响效能的突出问题和关键环节，在进一步简政放权和深化行政审批制度改革等方面大胆先行先试、探索创新，按照扁平化、大部制的原则，建立统一、协调、精简、高效的金普新区管理体制，全面加强对新区规划、建设、招商等工作的统一组织领导。

着力推进招商引资。坚持把产业项目建设作为新区各项事业发展的根本前提和重要保障，紧抓招商引资这条区域发展的生命线，紧紧围绕区内 19 个省市级产业园区和先进制造、电子信息、半导体、汽车、石油化工、生物工程、新材料、航空、港航物流、总部经济、专业市场、电子商务等产业，强化精准招商和精细服务。

2. 发展成效

开发建设工作取得新进展。大力推进大连湾跨海交通工程、大连新机场、金普城际铁路、丹大快铁、渤海大道等重大基础设施建设，进一步完善区域内“七通一平”配套，形成功能性、枢纽型、网络化的基础设施体系，加快新区与主城区、新区与周边地区基础设施一体化进程。

全面深化改革取得新突破。着力打造有利于促进投资贸易便利化和大众创业、万众创新的发展环境，当好东北地区改革开放、振兴发展的排头兵和主力军。在辽宁省率先实行新设立企业“三证一章”审批方式，提高办事效率；大连海关在新区内设立了“一站式”通关服务中心，开展国际贸易“单一窗口”建设试点，为企业节省了经营成本和大量通关时间。

招商引资水平取得新发展。重点引进科技含量高、投资强度高、产品附加值高、财税贡献率高和能耗低、污染小的大项目，提高引进项目的质量和效益，为新区可持续发展奠定良好的产业基础。2014 年全区实现实际利用外资 68.1 亿美元，同比增长 8.8%，自营外贸出口总额

159.1 亿美元，同比增长 5.1%。

3. 发展经验

推动体制机制改革。本着有利于开放型经济发展、有利于最大限度激发活力，加快体制机制创新。围绕政府职能的转变，坚持机构精简、职能综合、结构合理、运行高效的原则，按照“扁平化”、“大部制”要求，对行政管理体制大胆创新。

构建开放型经济新体制。探索推进公共服务平台建设，形成多个引擎协同运转、强力拉动新区建设的良好局面。推动外贸转型升级，抓住中央财政全额承担增量退税的政策机遇，大力发展出口贸易，促进加工贸易转型，大力优化出口商品结构、市场结构、区域结构、贸易方式结构、企业主体结构，巩固传统竞争优势，加快培育新的竞争优势。

加快基础设施建设。坚持规划先行，高标准规划、高质量建设、高效能运营，以完善的基础设施为招商引资、项目建设、区域协调发展创造条件。坚持新区一体，绘就“一张蓝图”，实现新区内、新区与主城区、新区与周边地区的道路、通讯等基础设施互联互通，形成一体化发展格局。

（三）2015 年建设发展主要方向与任务

1. 加大体制机制创新力度

本着有利于开放型经济发展、有利于最大限度激发活力，加快体制机制创新。围绕政府职能的转变，坚持机构精简、职能综合、结构合理、运行高效的原则，按照“扁平化”、“大部制”要求，对行政管理体制大胆创新，优化管委会组织结构，科学机构设置、职能配置，创新工作流程，完善决策权、执行权、监督权。进一步简政放权，加大放管结合改革力度，加快制定市场准入负面清单，再取消、下放和调整一批行政审批事项。全面清理非行政许可，大幅减少前置审批。规范行政审批管理，完成各管委会下设机构的权力清单、责任清单、收费清单公布工作，推广网上并联审批等新模式，既要从越位点退出，也要把缺位点补上。

2. 推动新一轮高水平对外开放

进一步扩大对外开放，加快构建开放型经济新体制，以开放的主动赢得发展的主动、竞争的主动。探索推进公共服务平台建设，形成多个引擎协同运转、强力拉动新区建设的良好局面。推动外贸转型升级，抓住中央财政全额承担增量退税的政策机遇，大力发展出口贸易，促进加工贸易转型，大力优化出口商品结构、市场结构、区域结构、贸易方式结构、企业主体结构，巩固传统竞争优势，加快培育新的竞争优势，进一步提升质量和效益。加快转变外贸发展方式，从要素驱动为主转向创新驱动为主，引导出口企业致力于技术更新、产品翻新、商业模式创新。深耕传统市场，大力开拓东盟、非洲、拉美等新兴市场。做大做强一般贸易，鼓励企业培育品牌和营销渠道。发展外贸综合服务平台和市场采购贸易，积极探索设立跨境电子商务综合试点，提高服务贸易比重。

3. 完善一体化基础设施

要坚持规划先行，高标准规划、高质量建设、高效能运营，以完善的基础设施为招商引资、项目建设、区域协调发展创造条件。坚持新区一体，绘就“一张蓝图”，实现新区内、新区与主城区、新区与周边地区的道路、通讯等基础设施互联互通，形成一体化发展格局。加快新区重大基础设施建设，启动和加快大连湾海底隧道、光明路等重大交通项目建设。完善园区基础设施，推进新机场沿岸商务区基础设施建设。按照智慧城区的目标，以信息化网络为载体，推进智慧平台资源整合，夯实智慧口岸、智慧交通、智慧城管建设，打造世界一流水平的信息港。

4. 构建现代产业新体系

加快推进英特尔、东风日产等拉动力强、市场前景好的项目增资扩能，大力推进项目开工建设。完善重点项目跟踪机制，狠抓项目进资率和达产率。搭建统一招商平台，整合与放大现有的政策、区位、产业基础、配套服务等优势，大力实施主题概念招商、产业链招商和产业集群招商，加快引进和储备一批重大产业项目。加快产业转型升级，加快高端装备、电子信息等产业的发展，把一批新兴产业培育成主导产业。推动互联网、云计算、大数据、物联网等与现代制造业的结合。加快传统产业与信息化融合发展，推动制造业向系统集成和制造服务化转型，促进服务业和战略性新兴产业比重提高、水平提升。强化大型批发市场、进口商品交易中心、仓储和冷链等商贸设施建设，努力降低流通成本。促进跨境电子商务健康快速发展，鼓励跨境电商企业通过“海外仓”等模式，融入境外零售体系。

十一、四川天府新区

四川天府新区位于成都平原东南缘，成都市区南郊，规划面积1578平方公里。2014年常住人口179.19万人，户籍人口152.79万人；实现地区生产总值1730亿元，全区公共财政预算收入490.52亿元。

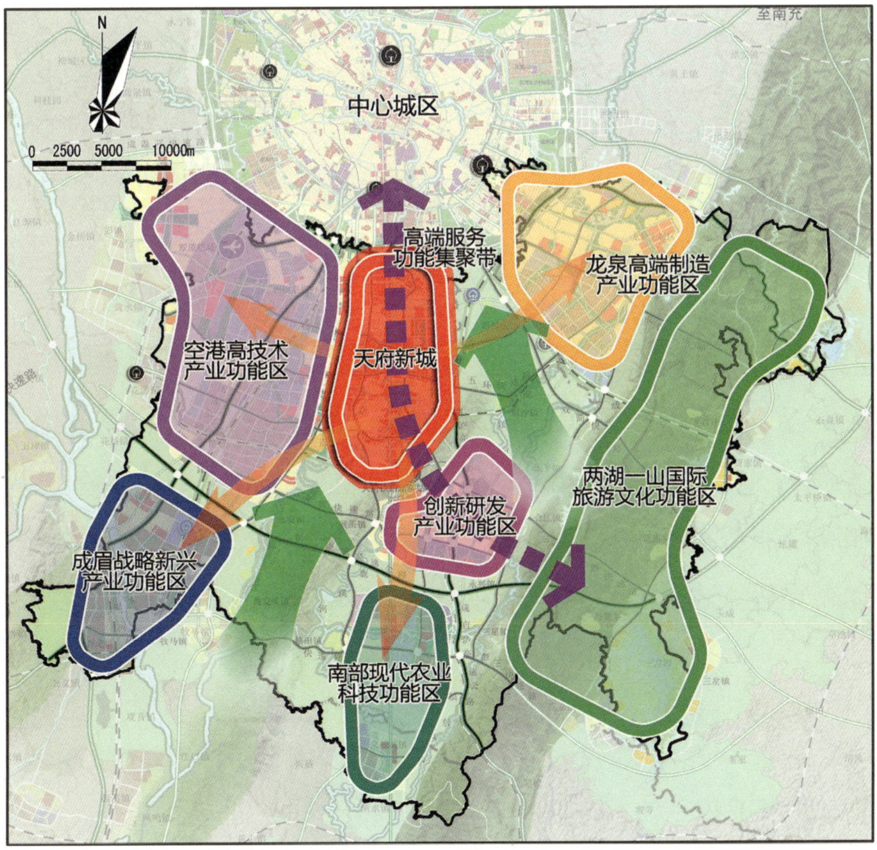

图2-11 四川天府新区空间规划图

（一）新区基本情况

1. 发展条件

四川天府新区属于亚热带季风气候，温度适宜，四季分明，宜居性强。规划区建设用地条件良好，水系发达，优良的自然条件为新区开发建设提供了较好的基础和条件。地处成都平原，拥有铁路 7 条、高速公路 14 条、国内国际航线 222 条纵横交汇，是西部大开发和主体功能区规划确定的重点开发区，也是成渝经济区和成都统筹城乡综合配套改革试验区的重要区域，具有独特战略地位。拥有成都高新技术产业开发区、成都经济技术开发区 2 个国家级开发区，双流经济开发区、新津经济开发区、彭山经济开发区 3 个省级开发区，拥有国家软件产业基地、新能源产业国家高技术产业基地、国家生物产业基地、国家民用航空产业高技术产业基地、国家信息产业高技术产业基地等 5 个国家级产业基地，产业集群效应逐步显现，为进一步集聚现代产业奠定了良好的产业基础。

2. 战略定位

探索深化改革、扩大开放的新途径，着力促进要素有序自由流动、资源高效配置、市场深度融合；着力发展高端产业，建立完善以现代制造业和高端服务业为主的国际化现代新区，打造成为内陆开放经济高地、宜业宜商宜居城市、现代高端产业集聚区、统筹城乡一体化发展示范区。

（二）2014 年主要工作进展

1. 主要工作

完善管理体制。组建了四川天府新区管委会办公室临时工作机构，探索与现行体制协调、联动、高效的管理方式，进一步理清条块管理关系，加强对四川天府新区成都、眉山、资阳片区管理机构的统筹和指导。

制定指导意见。研究出台《关于加快推进四川天府新区建设的指导意见》，在加快建设宜业宜商宜居城市、现代高端产业集聚区、内陆开放经济高地、统筹城乡一体化发展示范区以及促进全省区域协调发展、加强组织领导等方面作了具体部署。

出台支持政策。研究出台了《支持四川天府新区建设发展若干政策》，包括财政、税收、金融、土地等8个方面、共23条，集成了国家西部大开发、"一带一路"、长江经济带、国家级开发区、综合保税区等各种支持政策。

推进重大项目。超前谋划支撑性、引领性重大基础设施项目和高端产业项目。成功举办以"开放新起点、合作新机遇"为主题的四川天府新区投资推介会暨合作项目签约仪式。组织宣传报道，召开四川天府新区情况通报会，组织一系列宣传报道。

协调要素保障。在安排基本建设资金和申报国家投资项目时主动向新区倾斜，将新区项目特别是重大基础设施、重大产业、重大生态、重大公共服务项目一律纳入审批绿色通道。

2. 发展成效

产业集群加快形成。新区"三纵一横两轨"等重大基础设施项目建设加快推进，电子信息、汽车制造、新能源、新材料等产业集群加快形成；中央商务、总部经济、现代金融、文化创意等高端服务业集聚发展；西部博览城、新川创新科技园进展顺利，成功引进了一批世界500强和国内大企业大集团。

经济水平持续提高。2014年，新区签约投资合作项目32个，投资总额近千亿元，推出投资合作项目200个，总投资4000多亿元；实现地区生产总值1730亿元，完成固定资产投资1561.3亿元，实际利用外资9亿美元。

民生质量不断改善。城乡居民生活水平不断得到改善，2014 年城镇居民人均可支配收入和农民人均纯收入分别实现 10.1% 和 11.6% 的增长，呈现出快速起步、重点突破的良好态势。

3. 发展经验

坚持以“再造一个产业成都”的核心目标。以产业转型升级为主攻方向，坚持高端定位，严格产业准入，突出五大高端成长型产业和五大新兴先导型服务业，大力推进战略性新兴产业、现代制造业以及高端服务业集聚发展，加快建设具有国际竞争力的现代制造业基地和高端服务业中心。主要依托成都高新技术产业开发区和双流经济开发区，以新一代信息技术为龙头，积极培育生物、高端装备、节能环保产业，打造高技术产业和战略性新兴产业基地。依托成都经济技术开发区，以汽车制造为龙头，大力发展工程机械、航空航天、轨道交通产业，打造先进制造业基地。依托天府新城， 大力发展总部经济，打造区域性国际财富管理中心。

坚持以创新驱动为核心动力。以科技创新为支撑引领，实施区域科技创新发展示范工程，建设创新科技城和创新驱动改革试验区。实施企业创新主体培育工程，建立企业主导研发转化的创新机制。实施产学研用协同创新工程，加速科技成果转化。实施产业创新牵引升级工程，推进传统产业转型升级和高新技术产业集群化、规模化发展。健全科技创新服务体系，引进培育创新创业人才。

坚持以现代产业、现代生活、现代都市三位一体协调发展。推动统筹城乡综合配套改革试验向纵深拓展，积极探索具有创新性的城乡融合发展模式，健全城乡一体化发展的体制机制，走以人为本、“四化”同步、优化布局、生态文明、文化传承的新型城镇化道路，构建城乡功能互补相融、城乡设施均等共享、城乡风貌交相辉映、现代城市与现代农村和谐共生的新型城乡形态，为全国统筹城乡发展提供示范。

（三）2015年建设发展主要方向与任务

1. 加快推进骨干基础设施建设

加快区域大通道建设，完善高速公路、快速通道、城市轨道等综合交通体系，搭建新区路网骨架。推进“一城六区”功能性基础设施建设，完善生产性服务设施，加强公共服务配套。高点起步打造智慧城市，促进基础设施智能化、公共服务便捷化。注重生态绿地建设和城市文脉传承，对新区旅游业进行统一规划，纳入全省旅游发展规划。完善规划体系，加快规划修编，强化规划衔接，坚持统一规划、统一标准，实现重大基础设施共建共享、互联互通。

2. 全面深化体制机制改革

率先推进行政审批制度改革，全面下放审批权限，实现新区的事在新区办。开辟审批“绿色通道”，整合跨部门、跨层级审批事项，建立统一的行政服务中心。大胆探索创新投融资改革，支持新区投融资平台与政策性金融机构开展融资合作，探索财政性资金引导社会资本参与公共服务等领域建设的机制，推广政府和社会资本合作（PPP）模式。积极盘活存量土地，为开发建设留足空间。同步推进统筹城乡改革走在前列，加快建设城乡一体化发展示范区。

3. 积极探索创新驱动模式

紧紧抓住“再造一个产业成都”这个核心目标，重点支持战略性新兴产业、现代制造业及高端服务业的产业链创新和技术创新，培育创新型产业集群。充分发挥新区体制机制优势，探索设立风险基金、打造创新转化平台、推动建立创新联盟等模式。大力支持全民创新创业，按照“非禁即入”的原则，允许各类创新创业主体平等进入各种行业和领域，鼓励多种所有制的创新创业形态发展。积极搭建孵化器、孵化园等平台，支持初创企业做大做强。着力壮大创新型人才队伍，引进紧缺急需的高层次、高技能人才，引导高校院所科研人员、专业科技人才和高校毕业生到新区创新创业。

4. 培育合作开放新优势

把开放型经济作为新区主体性经济形态，不断拓展开放合作新领域。构建国际化一流营商环境，重点抓好新川创新科技园、中法成都生态园等开放平台建设，加快建设天府海关、成都高新综合保税区，打造升级对外开放口岸和特殊区域。精心谋划抓好专题招商，办好对外重大投资促进活动。深化区域务实合作，促进优势互补、互利共赢。

十二、湖南湘江新区

湖南湘江新区位于长沙市湘江西岸，包括岳麓区、望城区和宁乡县部分区域，面积490平方公里。2014年常住人口85万人；实现地区生产总值970亿元，财政总收入167亿元。

图2-12　湖南湘江新区区位图

（一）新区基本情况

1. 发展条件

区位交通条件优越。在国家城镇化“两横三纵”战略格局中，新区位于长江横轴和京广纵轴的结合点，京广铁路、京港澳高速公路等贯通新区，京广高铁、沪昆高铁等在周边交汇，3000吨级船舶可在湘江长沙段及以下常年通行并经洞庭湖通江达海，紧临的长沙黄花国际机场年旅客吞吐量多年居中部地区首位。科教创新实力雄厚。新区是国家重要的海外高层次人才创新创业基地和中南地区科技创新中心。产业发展优势明显。拥有长沙高新技术产业开发区、宁乡经济技术开发区、望城经济技术开发区3个国家级园区，是中部地区重要的战略性新兴产业基地和先进制造业基地，产业支撑和带动作用明显。“两型”社会建设成效显著。新区是长株潭城市群资源节约型和环境友好型（以下简称“两型”）社会建设综合配套改革试验区的先导区，区内高耗能、高污染企业全部关停并转，城镇垃圾无害化处理率和污水处理率达到100%。综合承载能力较强。新区属于全国主体功能区规划明确的重点开发区域，土地开发强度较高，资源环境承载能力较强，综合交通网络体系基本形成，水利、能源、信息等基础设施保障有力，具备了大规模集聚人口和产业的基础条件。

2. 战略定位

高端制造研发转化基地和创新创意产业集聚区，产城融合、城乡一体的新型城镇化示范区，全国“两型”社会建设引领区，长江经济带内陆开放高地。

（二）2015 年下阶段主要工作安排

湖南湘江新区将坚定不移地贯彻落实党中央、国务院的决策部署，按照省委、省政府的要求，强力推进新区品质化建设、快速化崛起，力争“三年出形象、五年成规模、十年树标杆”，以只争朝夕、争创一流的实际行动，确保新区建设开好局、起好步。

1. 加强规划引领

实行“多规合一”抓好规划编制和顶层设计，实现新区建设发展高起点、高标准、高质量。《湖南湘江新区发展规划纲要》作为法定规划，是长沙市修订和编制城市总体规划、土地利用规划和其他专项规划的重要依据，规划一旦出台就必须严格执行，切实维护规划的严肃性和权威性。在生态保护建设、远期发展空间、产业定位与布局、产城深度融合、城乡一体发展、综合交通系统梳理与提升等方面进行战略研究，提前筹划下一轮城市总体规划和土地利用规划修编。在近期规划优化提升的基础上，在产城深度融合、公共空间及建筑品质提升、合理确定开发强度、优化重要界面建筑天际轮廓线等方面，对岳麓区范围内的重点区域开展城市设计，并指导和支持高新区、望城区和宁乡县位于新区范围内重点区域的城市设计工作，重点是对临江、临湖、城市中心区及出入城主要道路两厢开展城市设计。在优化城市设计的基础上再编制控规成果。

2. 推进改革创新

未来 3 年，新区将深入推进 10 个重点领域改革，创建城乡一体统筹发展的新模式，探索新常态下经济转型升级的新路径，建立促进区域融合发展的新机制，构建对内对外开放的新格局，创造可复制、可推广的生态文明建设新经验。2015 年，新区将重点推进行政管理体制改革、构建市场化营商机制、生态文明制度建设、绿色低碳节能示范建设等方面的改革，通过明确改革的主要内容、推进时序、进度目标、责任分工和保障措施，创造 1-2 项在全国有一定影响力，可复制、可推广的改革经验。

3. 加快产城融合

坚持把加快项目建设作为推进产城融合、加快新区崛起的重要抓手，着眼完善配套功能、增强产业实力、改善人居环境，重点推进交通等重大基础设施项目建设，加快产业基地项目建设，实施流域综合治理、生态环境修复等两型工程，推动湘江新区医疗健康城等民生项目建设。年内将加大工作力度，强化项目服务，突出抓好中光通信二代光纤研发、格力智能家电产业园、美丽中国·长沙文化产业示范园等 10 个重大项目的开工建设，总投资达 710 亿元。结合新区"十三五"规划编制，加强与新区范围内各区县、园区的对接，完善重大项目储备库，将新区一些重大项目纳入国家和省市规划体系，优先在新区安排国家、省、市重大基础设施项目和重大产业项目。

4. 完善体制机制

一是形成统筹融合机制。按照有利于统筹协调区域发展、有利于激发各行政主体活力、有利于整合资源提升效能的原则，推动管理机制的完善，综合用好湖南湘江新区、两型社会综合配套改革试验区和自主创新示范区三大战略平台，形成叠加效应，为新区快速崛起提供有力保障。二是完善领导管理机制。按照省领导、市管理的原则，理顺领导体制；以提高行政服务效能、优化行政资源配置为重点，按照大部制、综合性、简政效能的原则，创新整合行政管理职能，建立统一、高效、顺畅的管理体制和运行机制。三是突出抓好简政放权。一方面湖南省和长沙市在简政放权问题上，坚持能放尽放、应放尽放，为新区建设发展强动力、聚合力；另一方面新区将探索负面清单、权力清单、责任清单等有效作法，进一步向市场让权、向基层放权，规范政府和国有企业行权，形成责权利对等的内部运行机制。

3 附录

2015国家级新区发展报告

一 附表

表 3-1　国家级新区基本情况

新区名称	批准文件	批复时间	规划面积（平方公里）
上海浦东新区	中共中央国务院关于开发和开放浦东问题的批复	1990.6	1210
天津滨海新区	国务院关于推进天津滨海新区开发开放有关问题的意见（国发〔2006〕20 号）	2006.5	2270
重庆两江新区	国务院关于同意设立重庆两江新区的批复（国函〔2010〕36 号）	2010.5	1200
浙江舟山群岛新区	国务院关于同意设立浙江舟山群岛新区的批复（国函〔2011〕77 号）	2011.6	1440
甘肃兰州新区	国务院关于同意设立甘肃兰州新区的批复（国函〔2012〕104 号）	2012.8	806
广州南沙新区	国务院关于广州南沙新区发展规划的批复（国函〔2012〕128 号）	2012.9	803
陕西西咸新区	国务院关于同意设立陕西西咸新区的批复（国函〔2014〕2 号）	2014.1	882
贵州贵安新区	国务院关于同意设立贵州贵安新区的批复（国函〔2014〕3 号）	2014.1	1795
青岛西海岸新区	国务院关于同意设立青岛西海岸新区的批复（国函〔2014〕71 号）	2014.6	2096
大连金普新区	国务院关于同意设立大连金普新区的批复（国函〔2014〕76 号）	2014.6	2299
四川天府新区	国务院关于同意设立四川天府新区的批复（国函〔2014〕133 号）	2014.10	1578
湖南湘江新区	国务院关于同意设立湖南湘江新区的批复（国函〔2015〕66 号）	2015.4	490
南京江北新区	国务院关于同意设立南京江北新区的批复（国函〔2015〕103 号）	2015.6	788

表 3-2　2014 年国家级新区经济发展主要指标

新区名称	人口（万人）	地区生产总值				固定资产投资		社会消费品零售总额		进出口	
		总额（亿元）	增速（%）	增速高于全省（个百分点）	占全省（市）的比重（百分点）	总额（亿元）	增速（%）	总额（亿元）	增速（%）	总额（亿美元）	增速（%）
上海浦东新区	541	7110	16	9.0	30.2	1766	5.2	1639	8.9	2678.7	7.2
天津滨海新区	279	8760	15.5	5.5	55.7	5780	15.1	1214	1	938.3	3.9
重庆两江新区	235	1861	15	4.2	13	1707	25	861	14	515.2	170.3
浙江舟山群岛新区	114	1022	10	2.4	2.5	961	28.1	377	13.5	123.4	-2.7
甘肃兰州新区	15	96	33	24.1	1.4	435	—	8	—	—	—
广州南沙新区	64	1016	13	5.2	1.5	403	60.8	166	12.8	210.4	32.3
陕西西咸新区	98	398	11.7	2.0	2.3	1134	36	—	—	—	—
贵州贵安新区	15	142	45.4①	34.6	1.50	501.2	25.3	—	—	—	—
青岛西海岸新区	148	2453	9	0.3	4.1	1444	17.8	418	11	210.8	-4.2
大连金普新区	158	2729	7.1	1.3	10.0	2567	7.8	614	11.5	420.5	8.9
四川天府新区	179	1730	10.1	1.6	6.1	1561.3	5.9	309.9	12.3	—	—

注：① 贵州贵安新区地区生产总值增速为直管区增速数据，数据来源为各新区初步测算数。

二 附图

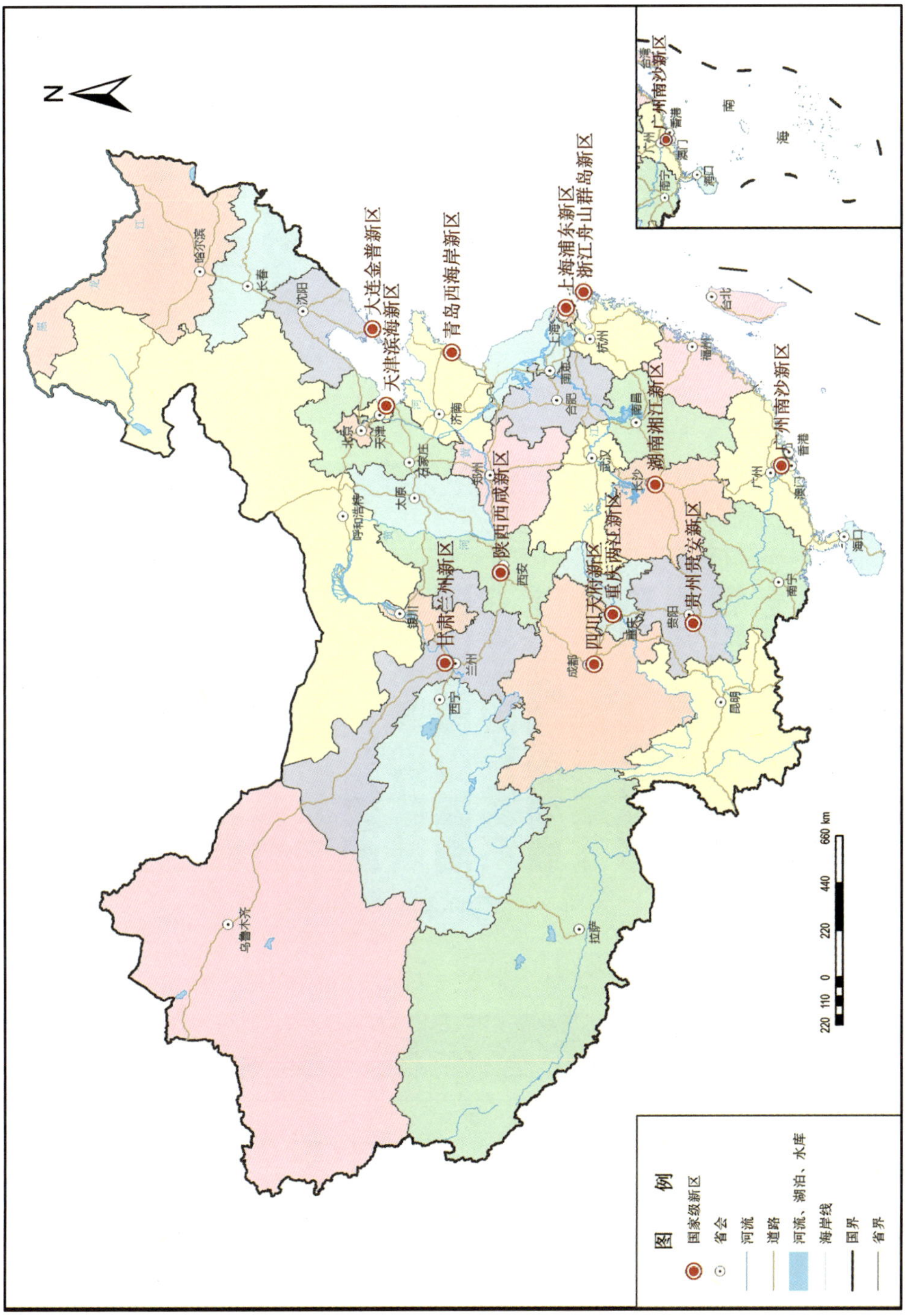

图 3-1　国家级新区地理位置图

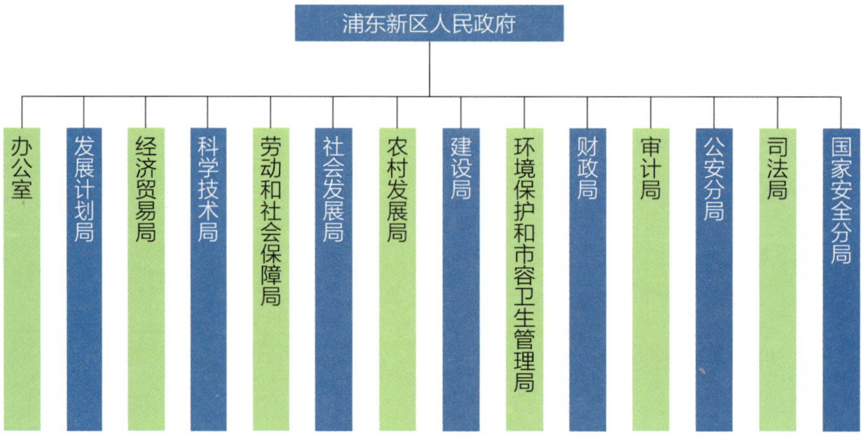

图 3-2　上海浦东新区管理构架图

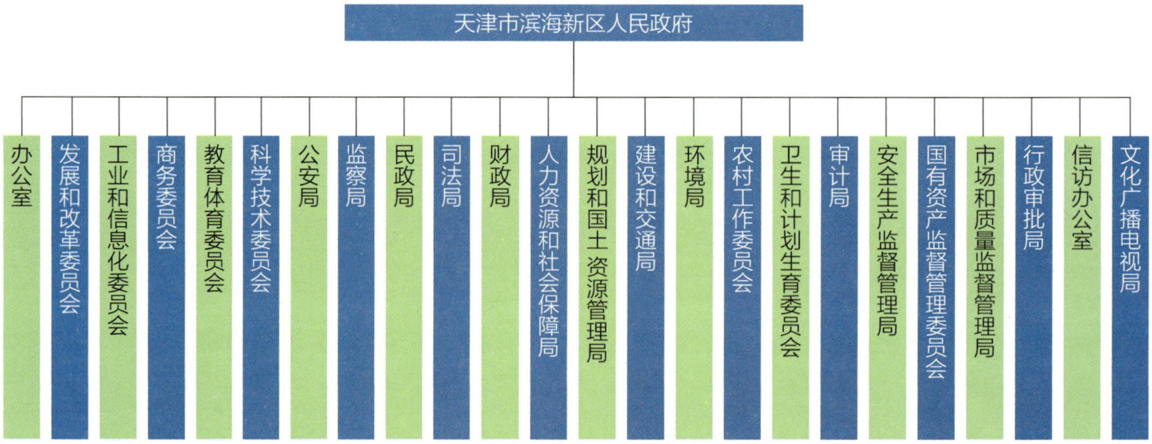

图 3-3　天津滨海新区管理构架图

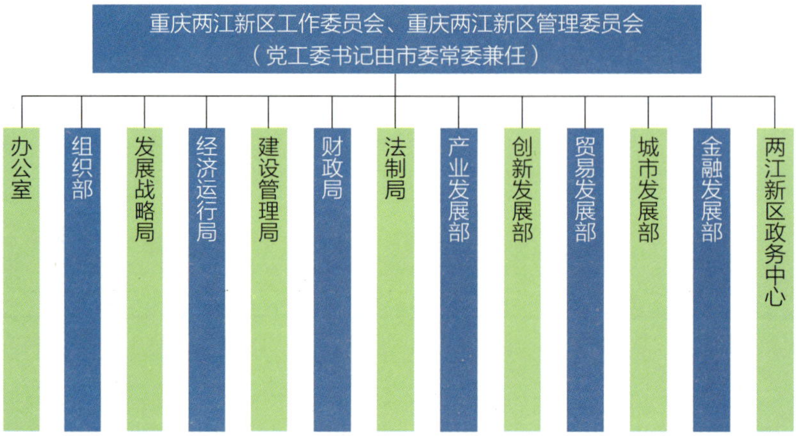

图 3-4　重庆两江新区管理构架图

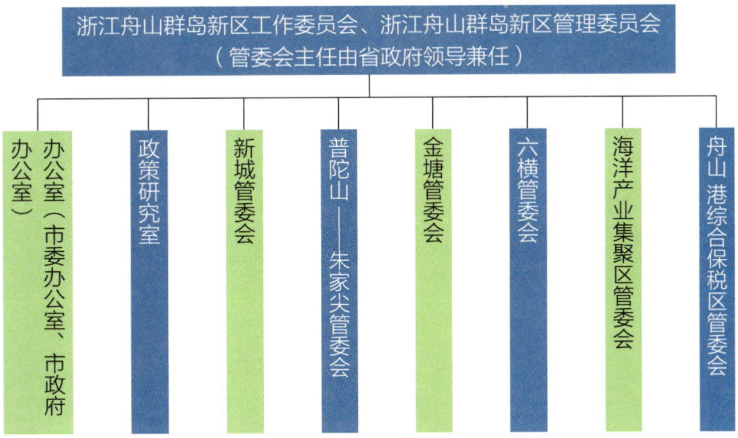

图 3-5 浙江舟山群岛新区管理构架图

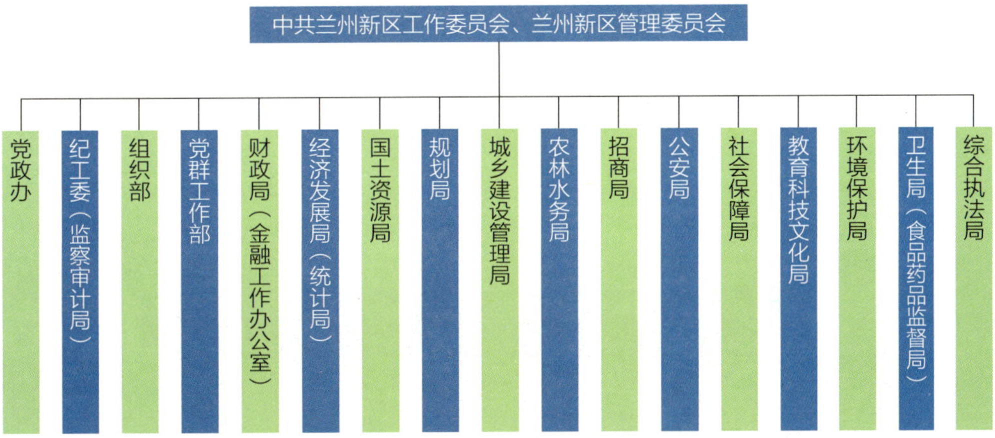

图 3-6 甘肃兰州新区管理构架图

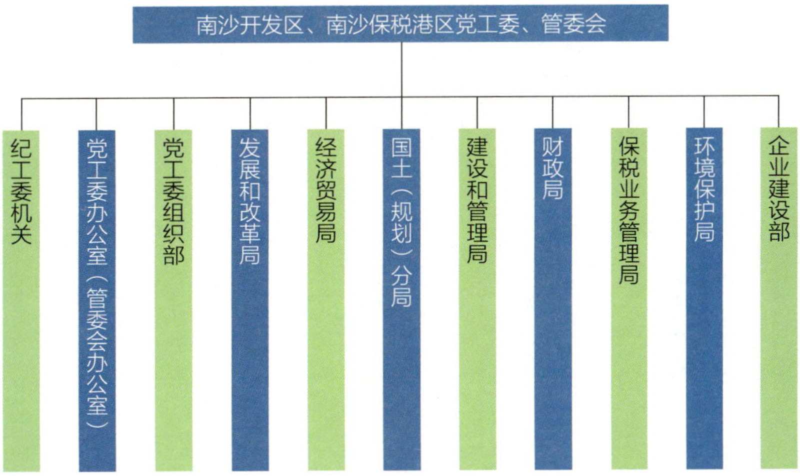

图 3-7 广州南沙新区管理构架图

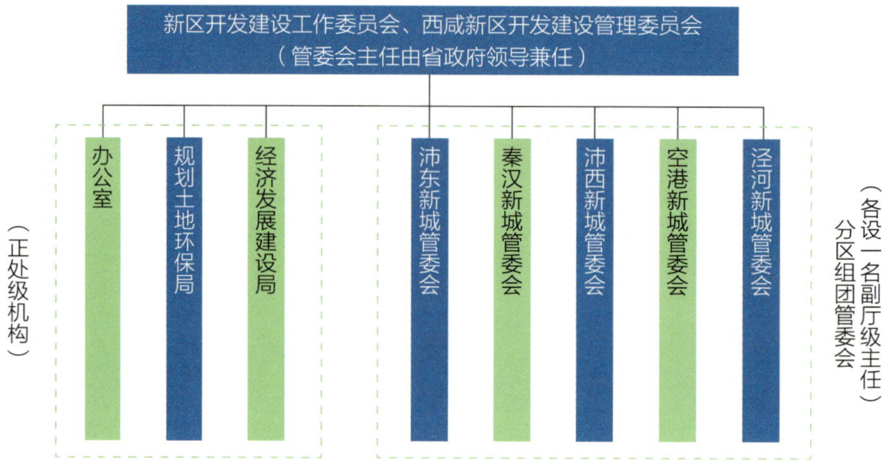

图 3-8　陕西西咸新区管理构架图

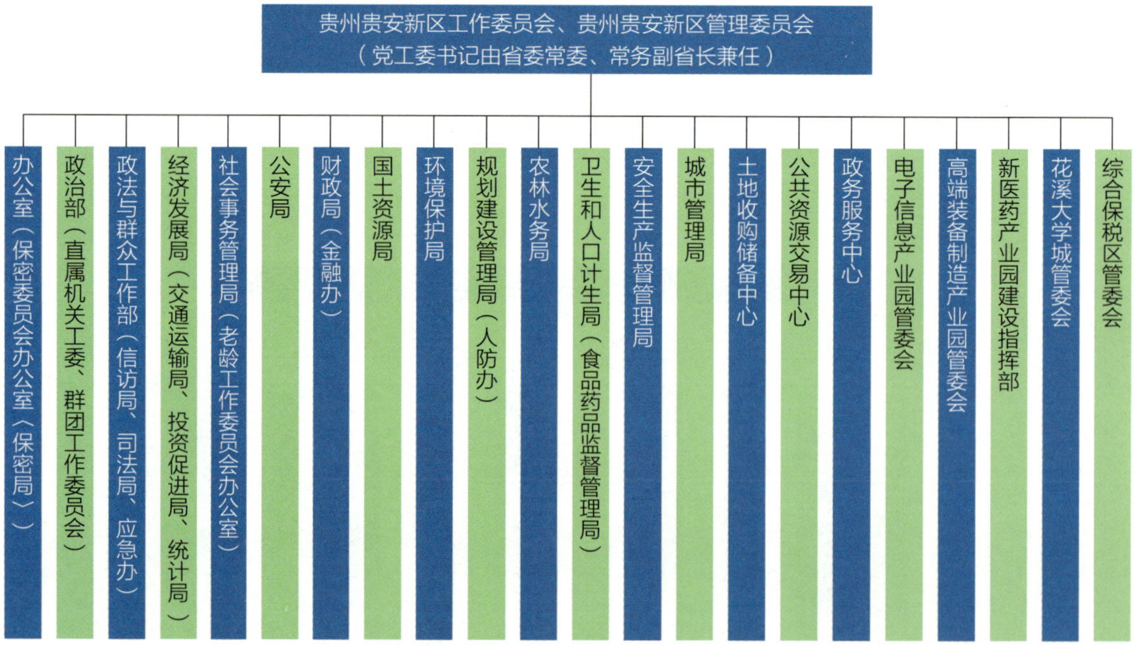

图 3-9　贵州贵安新区管理构架图

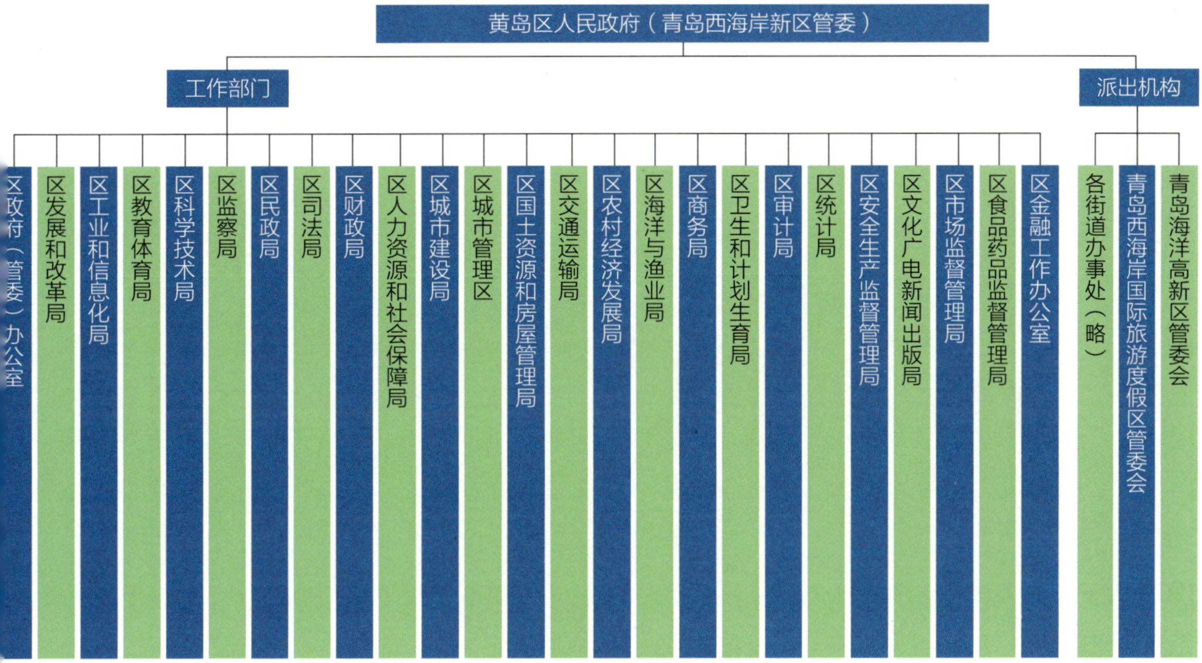

图 3-10　青岛西海岸新区管理构架图

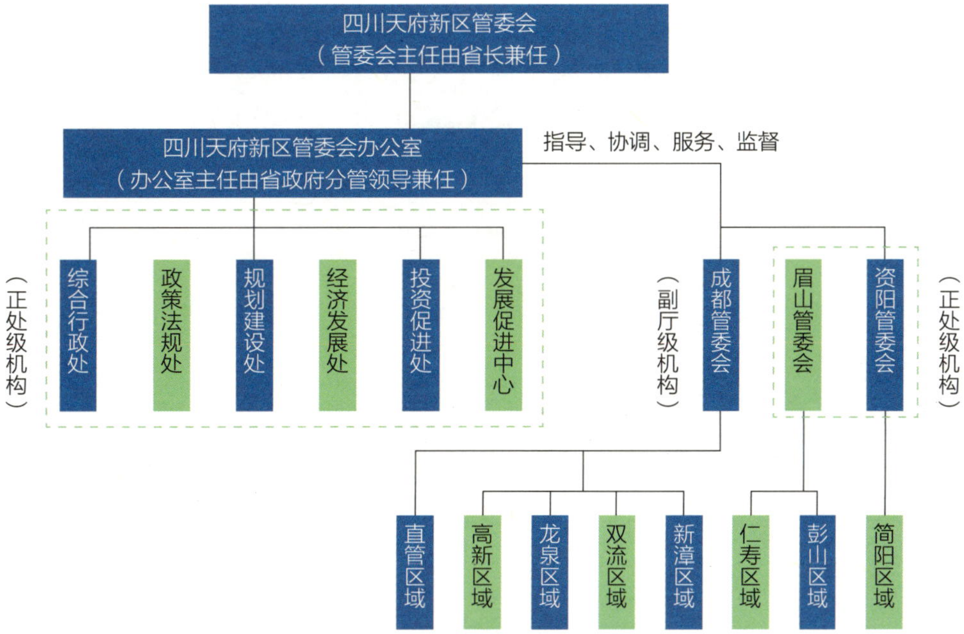

图 3-11　四川天府新区管理构架图

图 3-12 上海浦东新区图

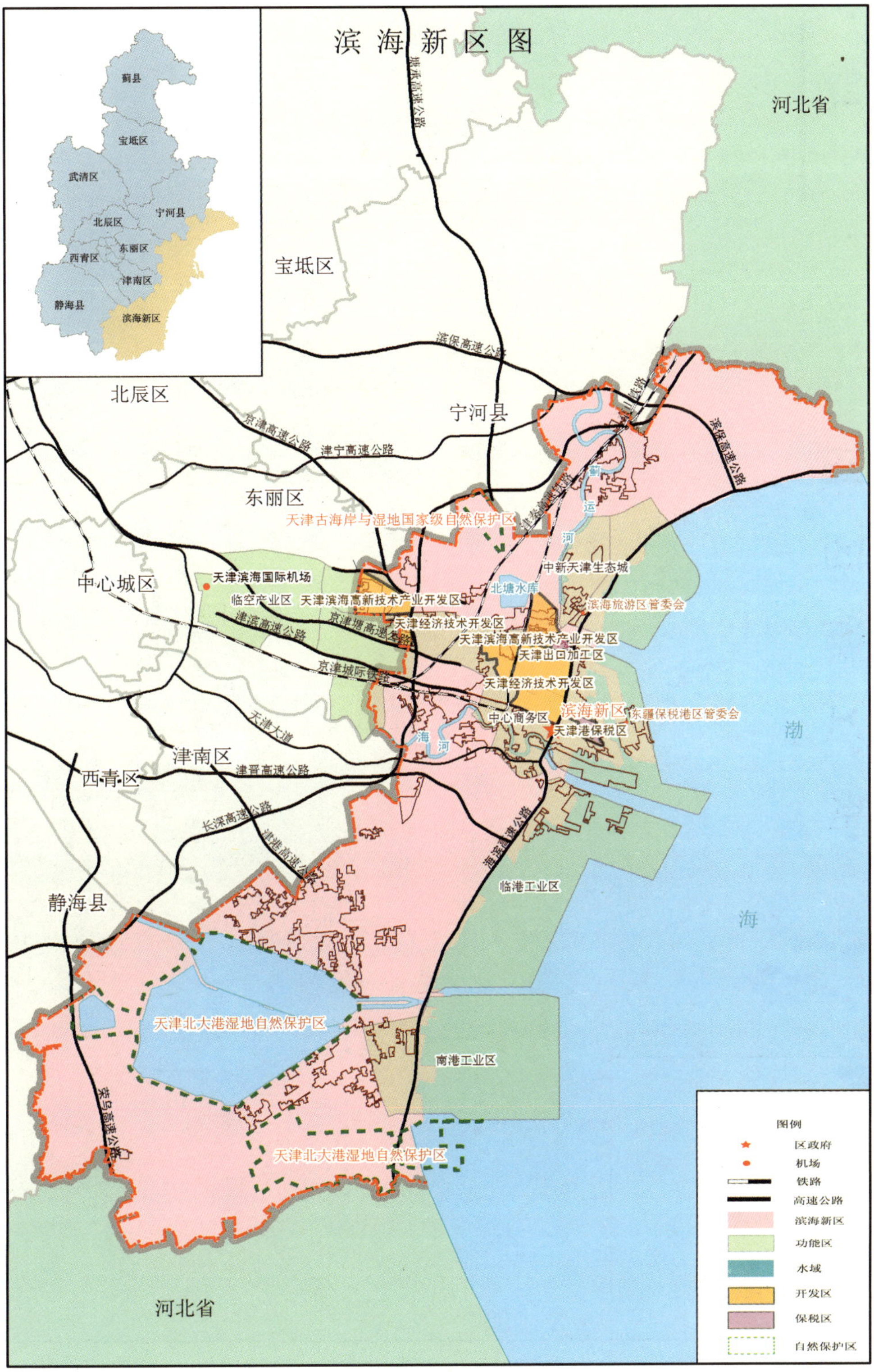

图 3-13 天津滨海新区图

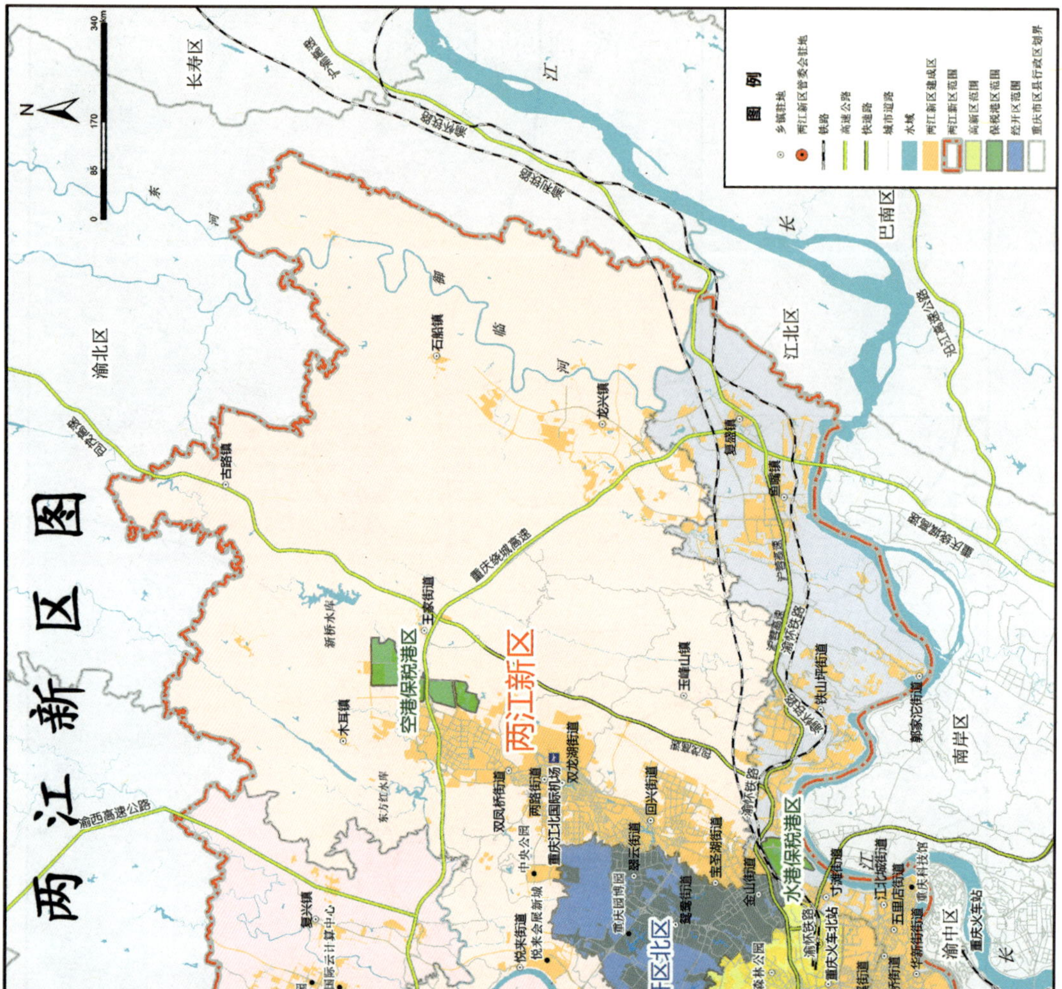

图 3-14 重庆两江新区图

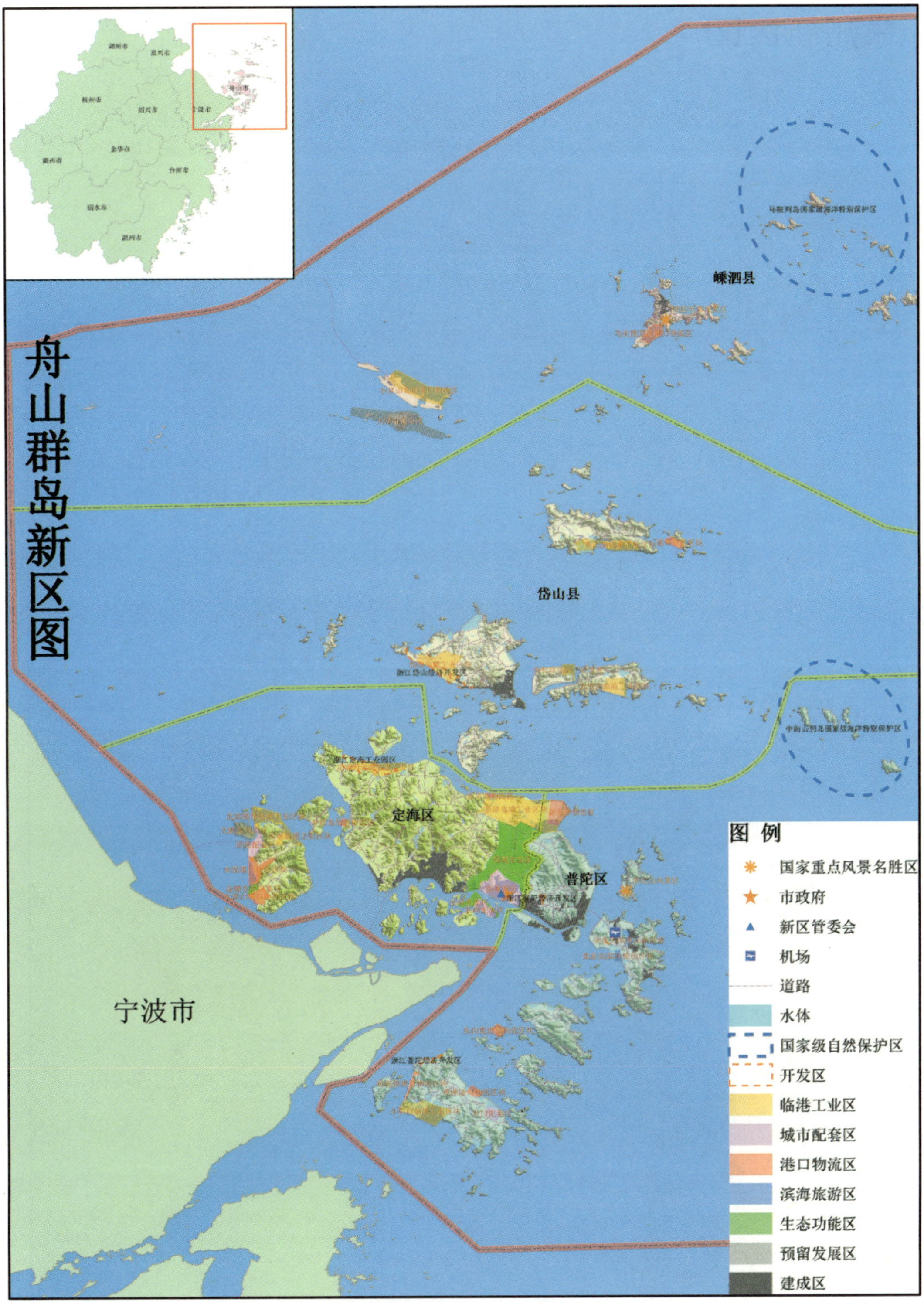

图 3-15 浙江舟山群岛新区图

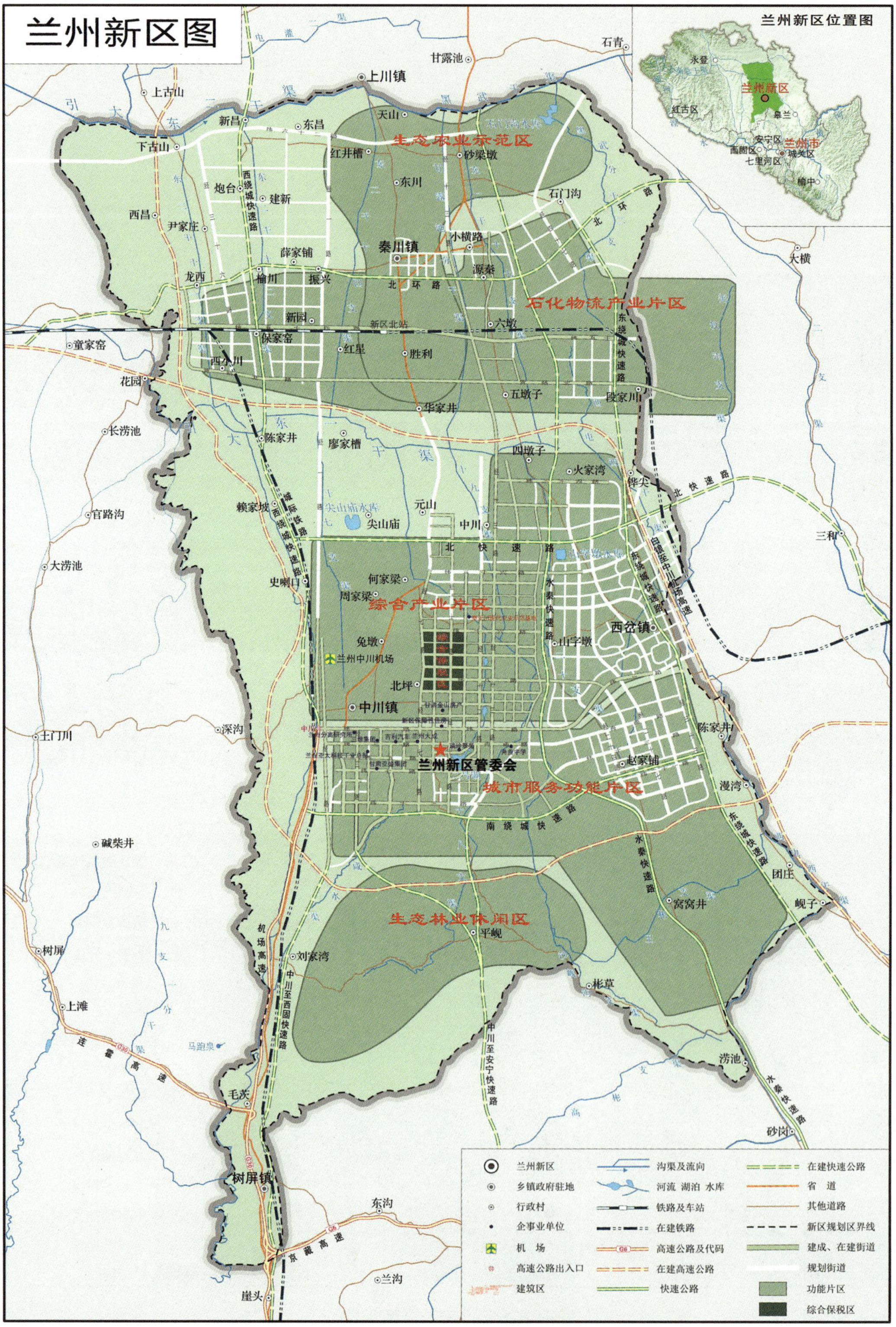

图 3-16 甘肃兰州新区图

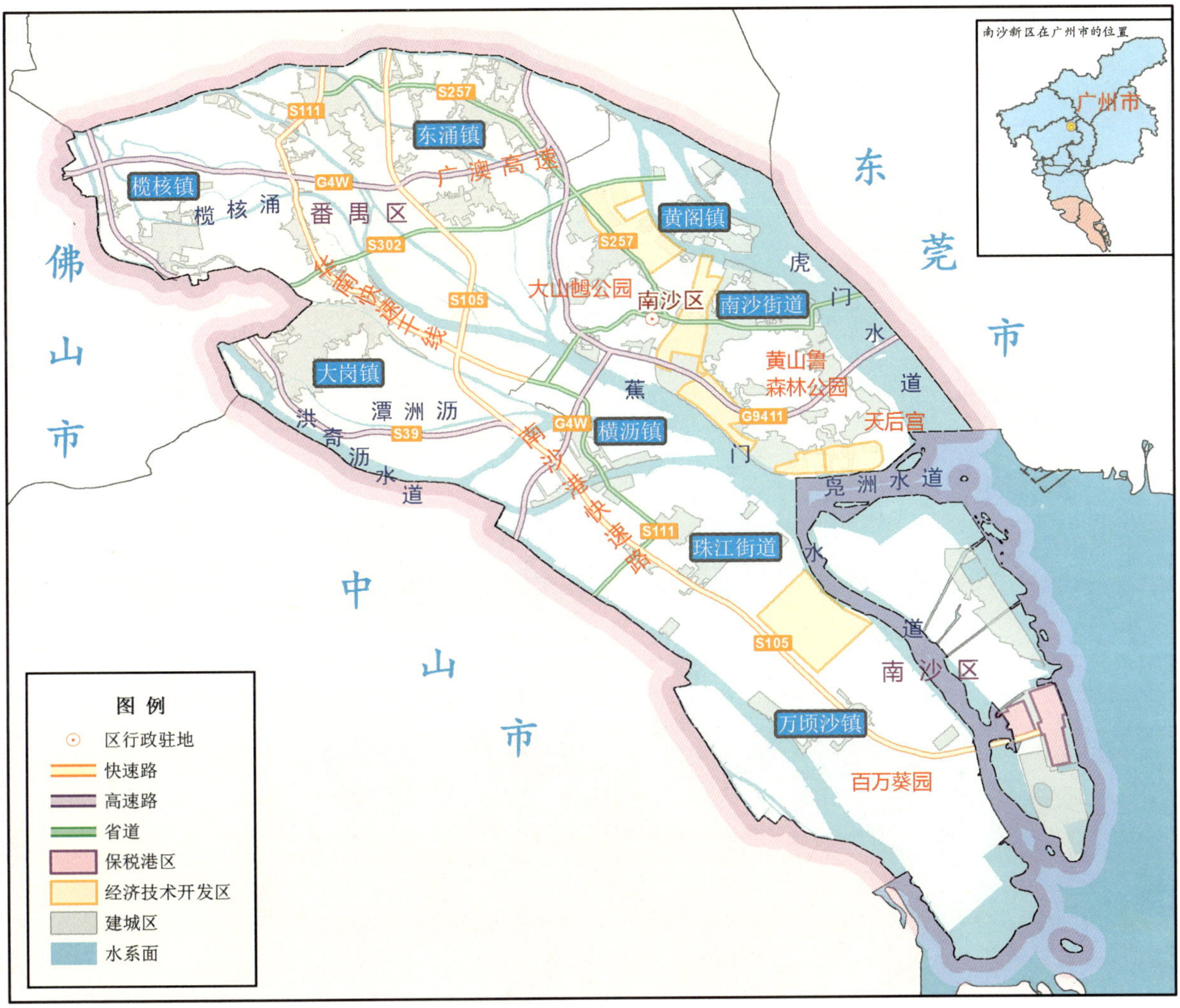

图3-17　广州南沙新区图

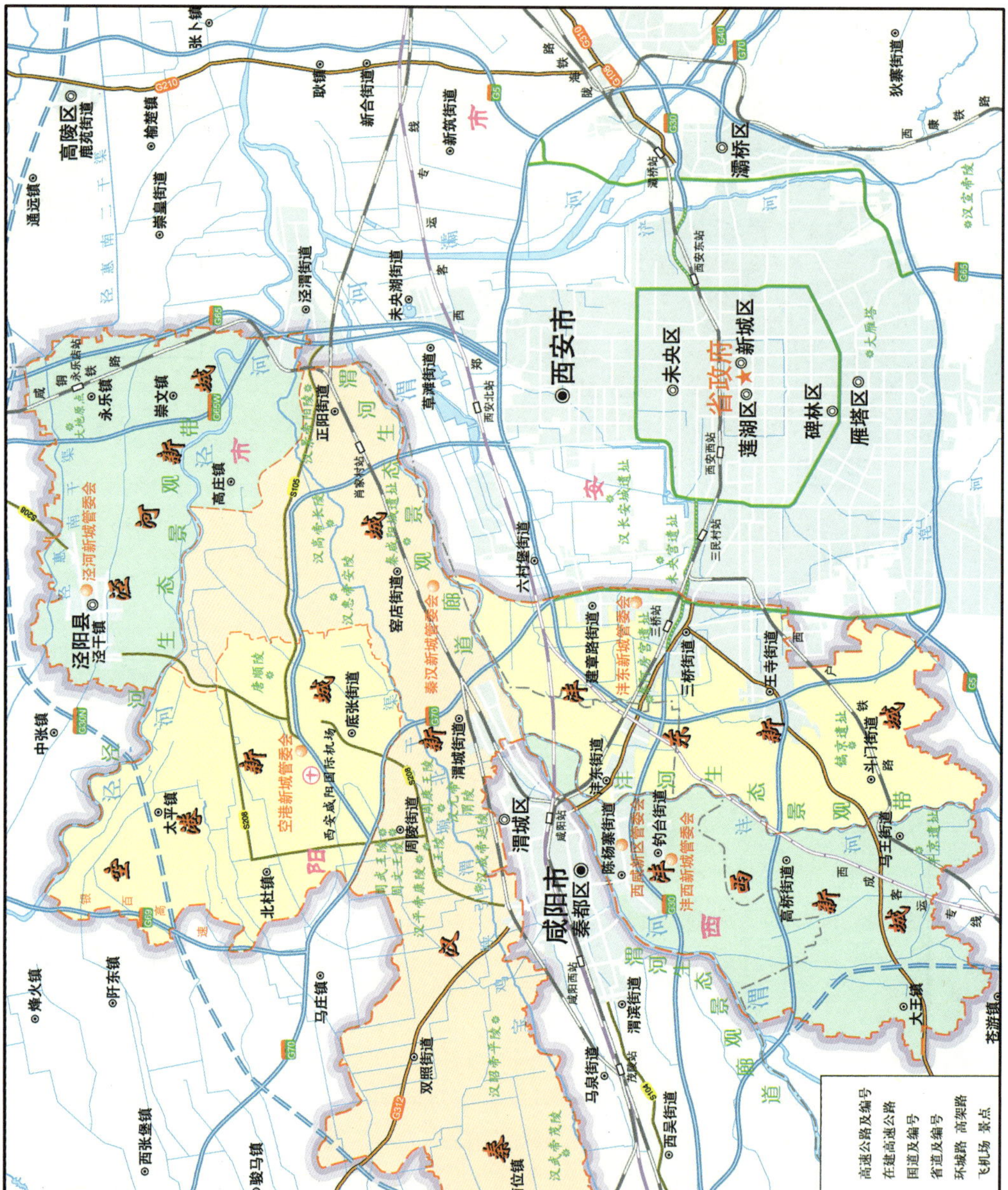

图 3-18 陕西西咸新区图

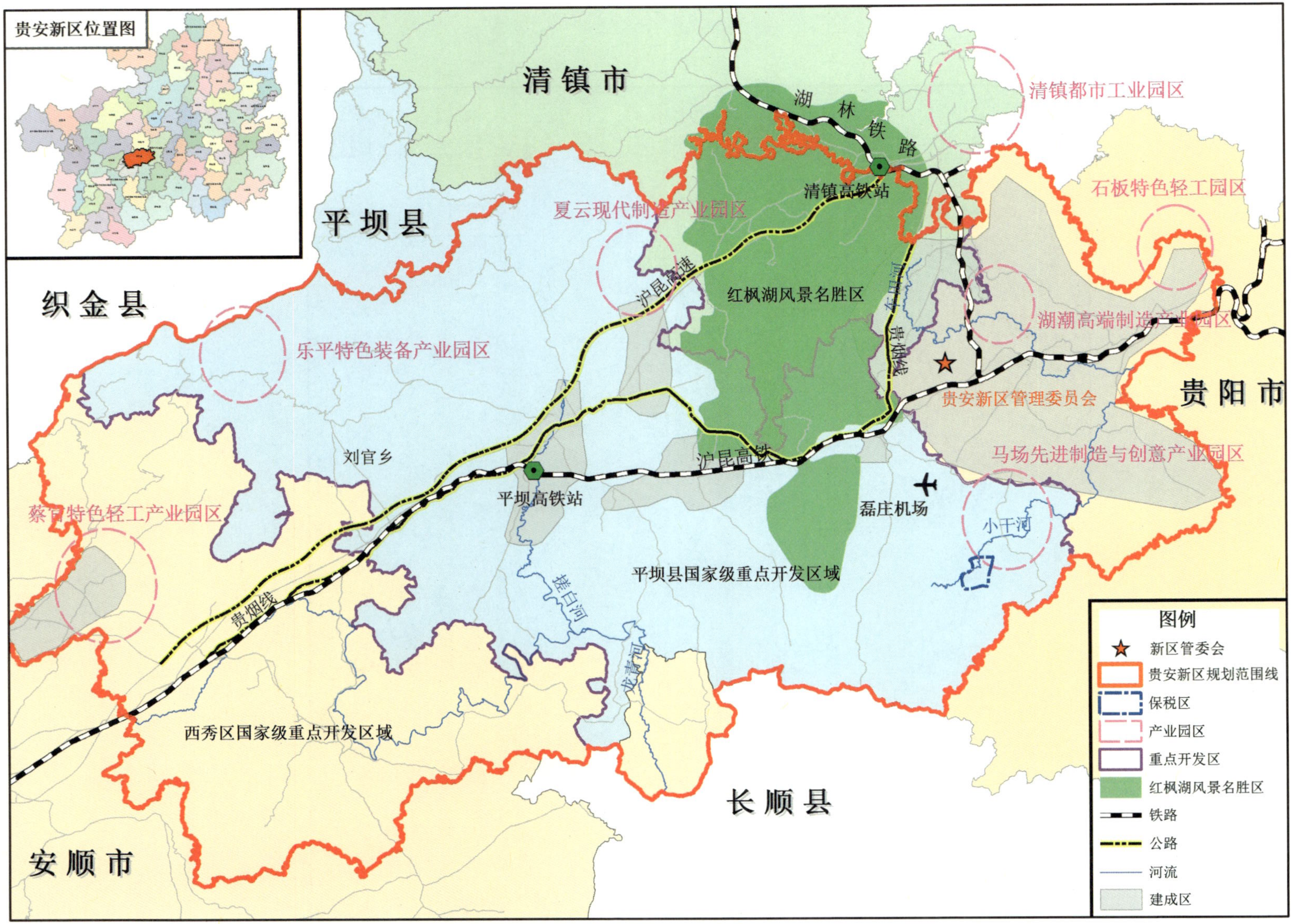

图 3-19 贵州贵安新区图

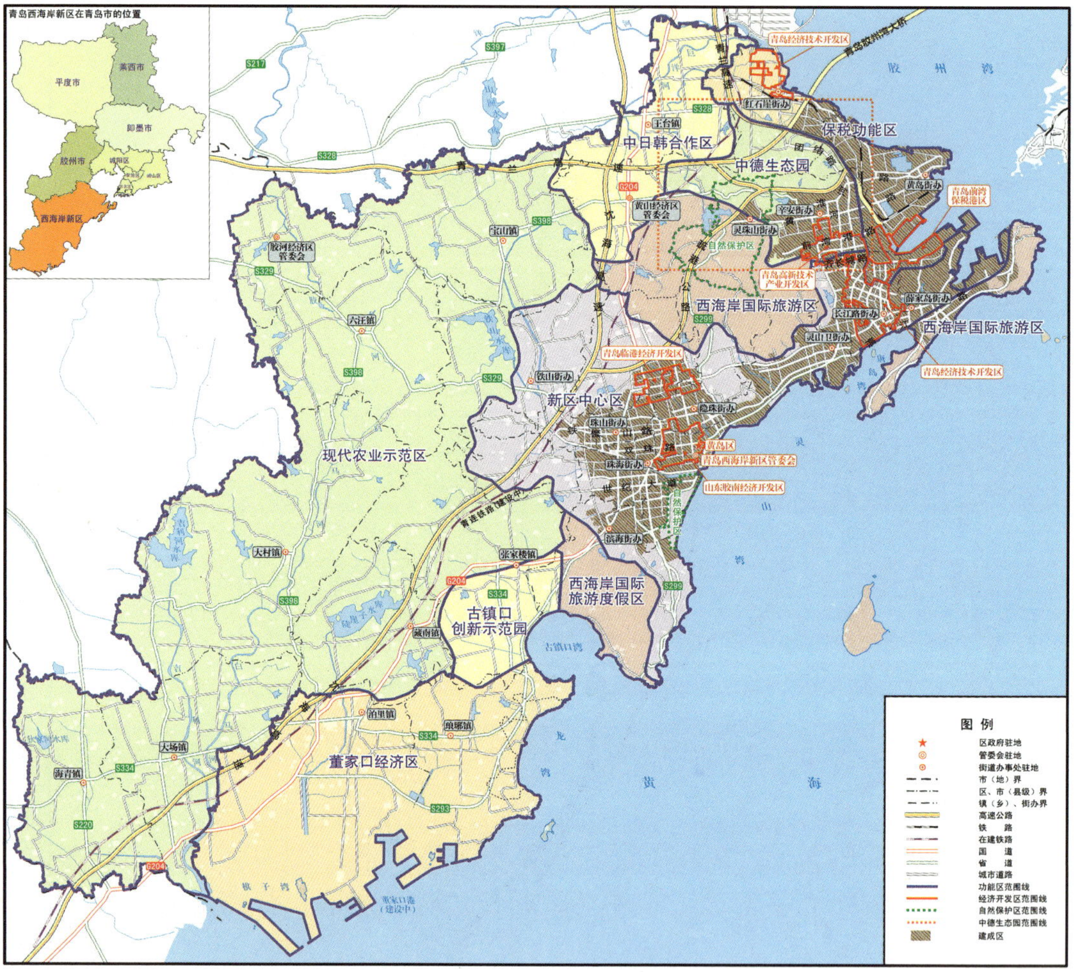

图 3-20 青岛西海岸新区图

图 3-21　大连金普新区图

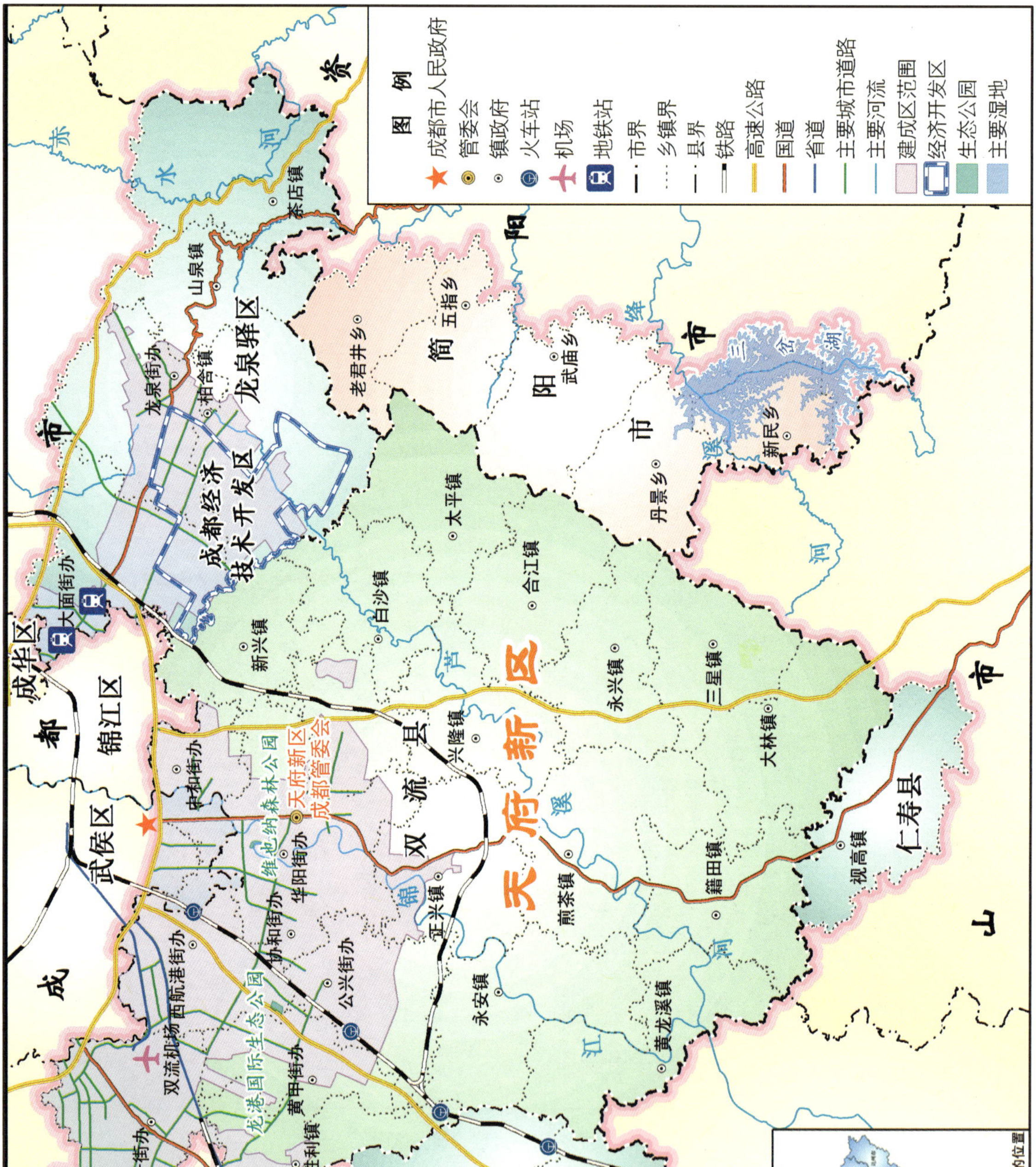

图3-22 四川天府新区图

三 文件

国家发展改革委　国土资源部　环境保护部　住房和城乡建设部关于促进国家级新区健康发展的指导意见

（发改地区〔2015〕778 号）

各省、自治区、直辖市发展改革委、国土资源厅（局）、环境保护厅（局）、住房和城乡建设厅（委）：

国家级新区（以下简称“新区”）是由国务院批准设立，承担国家重大发展和改革开放战略任务的综合功能区。近年来，新区对促进经济发展、扩大对外开放、推动改革创新发挥了重要作用，但部分新区仍不同程度存在着规划执行不严、土地等资源节约集约利用程度不高、产业竞争力不强、体制机制创新不足等问题。为进一步促进新区健康发展，现提出以下意见：

一、总体要求

（一）指导思想

高举中国特色社会主义伟大旗帜，以邓小平理论、“三个代表”重要思想、科学发展观为指导，全面贯彻党的十八大和十八届三中、四中全会精神，贯彻落实习近平总书记系列重要讲话精神，围绕区域发展总体战略和“一带一路”、京津冀协同发展、长江经济带等重大国家战略的总体布局，严格落实新区总体方案和发展规划的有关要求，突出体现落实国家重大改革发展任务和创新体制机制的试验示范作用，加快集聚特色优势产业，推动产城融合和新型城镇化建设，提高资源利用效率，改善生态环境质量，大力促进新区健康发展，为保持国民经济持续健康发展做出新贡献。

（二）基本原则

规划引领、科学开发。严格按照土地利用总体规划、城乡规划和新区总体方案要求，制定新区发展总体规划和相关专项规划，明确新区发展的战略目标、空间布局和重点任务，提出科学合理的开发方向、推进时序和管控措施，辐射带动周边区域加快发展、协同发展。

产城融合、宜居宜业。统筹考虑产业发展、人口集聚与城市建设布局，促进产业与城市融合发展、人口与产业协同集聚。适度控制开发强度，加强公共服务设施建设，不断改善区域环境质量，保持生态功能稳定，推动新区成为企业创新发展、百姓安居乐业的良好区域。

节约集约、集聚发展。节约集约利用土地、水、海域等资源，切实提高资源利用效能。充分考虑区域资源环境承载能力，科学确定主导产业，促进优势产业集聚发展，增强规模效益。加快转变新区发展方式，重点发展知识技术密集、资源消耗少、成长潜力大、综合效益好的新兴产业。

改革创新、先行先试。建立高效运转的行政管理机制，构建现代社会治理体系，营造良好营商环境。建立鼓励改革创新的机制，在符合中央全面深化改革部署要求的前提下，鼓励先行先试，创造可复制、可推广的经验，赋予新区更大自主发展权、自主改革权、自主创新权。

（三）发展目标

保持经济增长速度在比较长的时期内快于所在省（区、市）的总体水平，着力提升经济发展质量和规模，将新区打造成为全方位扩大对外开放的重要窗口、创新体制机制的重要平台、辐射带动区域发展的重要增长极、产城融合发展的重要示范区，进一步提升新区在全国改革开放和现代化建设大局中的战略地位。

二、优化发展环境

（四）完善基础设施和公共服务设施

加大支持力度，促进新区内各类基础设施互联互通，加快推进新区对外联系的跨区域重大基础设施建设。新区要优化财政支出结构，增加基础设施投资资金，积极引导社会资本参与建设。改善新区物流基础设施，完善交通运输网络，降低物流成本。推进地下综合管廊试点工作。合理布局教育、医疗、文化、旅游、体育等公共服务设施，适当提高建设标准。

（五）创新招商方式

注重新区品牌营造，树立对外招商的良好形象。通过搭建各类招商引资平台，积极开展富有实效的招商活动。统筹整合招商资源，实行招商引资信息共享。通过园区招商、以商招商，创新招商选资、引智模式，积极吸引社会投资，实现合作共赢。支持新区按照国家区域和产业发展战略开展合作，引导产业有序转移。

（六）强化金融支持

支持新区充分利用市场机制引进各类金融机构及其分支机构，加快完善金融服务体系。鼓励银行业金融机构加大信贷投放力度，创新金融产品。支持新区符合条件的企业通过发行企业债券、中期票据、保险信托计划等多种融资方式筹集建设资金。鼓励开发性金融机构通过提供投融资综合服务等方式支持新区发展。完善投融资体系，鼓励央企、省属国企业和民营企业等各类投资主体参与新区建设发展。

（七）推进投资与服务贸易便利化

鼓励新区借鉴中国（上海）自由贸易示范区的成功经验，按照国际通行标准推动体制机制改革创新和对外开放，实现投资和优质要素进出便利化，推动新区建立贸易自由、投资便利、金融服务完善、产业高度集聚、法制运行规范、监管透明高效、辐射带动效应明显的综合改革创新区。

（八）规范竞争秩序

为维护公平的市场竞争环境，促进形成全国统一的市场体系，发挥市场在资源配置中的决定性作用，各新区在制定税收、财政支出、产业等方面政策时，要严格执行国家政策，避免造成非良性竞争。

三、推动产业优化升级

（九）促进产业集群发展

加强对产业布局的统筹规划和科学管控，支持国家级和省级重大产业项目优先向新区集中。鼓励新区依托现有的国家级和省级经济技术开发区、高新技术产业园区、海关特殊监管区域等，建设产业集聚区，打造一批特色鲜明的专业园区，不断壮大产业集群，发挥产业集聚优势，提高新区产业综合竞争力和企业经济效益。

（十）强化科技创新驱动

集聚创新资源，壮大创新创业人才队伍。支持人才引进培育政策向新区倾斜，探索实行国际通用的人才引进、培养、使用、评价、激励机制，集聚一批领军人才。搭建人才创新发展平台，加快创新创业服务体系建设，鼓励优秀人才在新区创业。支持新区申报国家重点（工程）实验室、工程（技术）研究中心等各类科技创新平台，鼓励新区设立产业化示范基地和科技成果转化服务示范基地。

（十一）构建现代产业体系

结合功能定位和区域优势，支持新区编制产业发展规划和行动方案，以新产业、新业态为导向，大力发展新一代信息技术、生物、高端装备制造、高端服务、现代物流等战略性新兴产业和高新技术产业，完善产业链条和协作配套体系，优化产业结构，培育新的经济增长点。

四、辐射带动区域发展

（十二）推动产城融合发展

坚持产城一体，实现产业发展与城市建设互相促进、融合发展。支持新区加快城市基础设施和公共服务设施建设，推动城市部分功能转移搬迁到新区。支持新区加快保障性安居工程建设，构建稳定的职工生活社区，吸引、留住产业技术工人，不断提高高素质人口集聚能力。

（十三）加强区域互利合作

进一步优化新区内各类功能区布局，增强新区的整体实力及对周边区域的辐射带动能力，促进区域一体化发展。积极创新合作模式，建立新区和周边区域招商引资合作及利益分享机制，支持新区与省内外有条件的地区建立“飞地经济”、“战略联盟”等合作机制。

（十四）推进新型城镇化

按照生产空间集约高效、生活空间宜居适度、生态空间山清水秀的原则，合理做好新区空间布局和用地安排。按照新区发展总体规划，充分考虑区域资源环境条件，构建科学合理的城镇化布局。优先划定永久基本农田红线，确保生态安全。划定城市开发边界，防止城市建设无序扩张。重视新区城市设计工作，指导新区开发建设传承历史文化，突出特色风貌。

（十五）统筹城乡发展

坚持城乡统筹，支持新区建立城乡统一的户籍管理制度，加快推动农业转移人口市民化。鼓励新区探索农村土地管理制度改革，有序推动农村土地流转，建立城乡统一建设用地市场。建立健全城乡一体的社会保障体系，逐步提高城乡基本公共服务均等化水平。

五、高效节约利用资源

（十六）提高土地利用效率

实行最严格的耕地保护制度和节约用地制度，严控增量、盘活存量、优化结构、提高效率，严格土地用途管制，强化新区建设用地开发强度、土地投资强度、人均用地指标的整体控制。各项建设必须符合土地利用总体规划和城乡规划，从严控制建设用地规模。新区建设尽量少占或不占优质耕地，不得擅自改变或调整占用基本农田，确需调整基本农田布局的，报国务院批准。创新土地管理方式，加大土地管理改革力度。制定土地利用、耕地保护和节约集约考核办法，定期公布考核结果。各省（区、市）要合理安排新区土地利用计划指标，立足所在市域内解决耕地占补平衡，确实无法完成的，应在省域范围内统筹解决。加强对新区土地利用状况调整和遥感监测工作。

（十七）加强生态保护

营造人与自然和谐共处的生态环境，划定生态保护红线。实施最严格的水资源管理制度，新区要明确制定水资源管理“三条红线”，严格控制发展耗水型产业。加强新区内河流、湖泊、湿地、地下水的保护和生态修复，构建完整的水生态系统。大力推进建设自然积存、自然渗透、自然净化的“海绵城市”，节约水资源，保护和改善城市生态环境。将生态环境质量逐年改善作为新区发展的约束性要求，加强新区生态管治，严格生态空间用途管制，统筹处理好经济发展和生态建设的关系。

（十八）严格环境治理

科学编制新区环保规划，严把环境准入条件，保障环境质量不下降。规范环境公共基础设施建设、运营，加强新区环境监测、监控能力建设，完善环境风险防控体系。推行第三方环境服务，推进排污权有偿使用和交易试点。推动新区绿色循环低碳发展，大力发展节能环保产业和绿色循环经济，推进新区清洁化、循环化、生态化改造，加快构建覆盖全社会的资源循环利用体系，鼓励创建低碳园区、低碳社区、低碳企业和低碳小城镇，积极开展国家级生态文明试点示范。

六、推进体制机制创新

（十九）加大简政放权力度

深化行政审批制度改革，根据新区建设发展需要，鼓励各省（区、市）最大限度地赋予新区行政管理机构相关管理权限，重点扩大新区在投资项目建设、外商投资项目立项、矿产资源开发利用、城市建设等方面的审批、核准、备案和管理权。

（二十）提高行政服务效能

鼓励新区按照大部制、综合性、简政效能的原则，创新整合行政管理职能，加快建立统一高效的综合管理体制机制。建立在线审批监管平台，提高办事效率，对符合国务院批准的新区总体方案和发展规划所涉及的项目，建立健全审批“绿色通道”，实行全程跟踪服务，对重大投资项目优先办理。制定有针对性的统计和考核指标体系，建立量化绩效考核标准，开展分类考核和定期考核。

（二十一）深化重大改革创新

以全面深化改革为动力，积极探索有利于新区健康发展的体制机制，新区要结合自身优势，每年围绕1—2个重大问题开展试验探索，力争取得进展和突破，为其他地区发展提供示范、借鉴，创造可复制、可推广的制度和机制。优先安排新区开展国家和省（区、市）重大改革试点，支持新区在改革创新中先行先试。建立健全权力清单制度，推动新区成为深化改革、简政放权的先行区。按照中央关于全面深化财税体制改革的统一部署，加快推进新区财税体制改革。

（二十二）优化行政资源配置

不断探索与新区发展阶段相适应的行政管理体制，根据新区发展的实际需要，适时推进行政区划调整，不断增强新区行政统筹能力，整合行政管理资源，创新行政管理体制，提高行政效率，进一步拓展新区的辐射带动功能。

七、强化组织保障

（二十三）加强宏观指导

发展改革委、国土资源部、环境保护部、住房城乡建设部按照新区设立审核相关要求，严格规范新区设立审核程序。在整合现有机制基础上建立促进新区健康发展的统一协调推进机制，加强对新区建设发展的指导，及时总结可推广、可复制的先进经验，切实解决新区建设发展中面临的问题和困难。各部门适时研究出台支持新区发展的政策措施。发展改革委定期向国务院报告新区规划建设和发展情况，对新区建设发展情况进行跟踪指导和督促检查。各省（区、市）建立新区省级议事协调机制，定期或不定期召开会议，专题听取新区建设情况汇报，协同解决新区发展中的重大问题。

（二十四）落实主体责任

新区应主动作为，积极承担国家赋予的重大改革发展任务，切实增强使命感、责任感、紧迫感，大胆探索，不断创新体制机制和发展模式，定期向发展改革委报送新区发展建设情况和推进改革示范经验。建立年度目标责任考核机制，突出创新驱动，形成上下联动、协同推进的工作格局，不断开创新区发展新局面。

2015 年 4 月 15 日

国家发展改革委关于推动国家级新区深化重点领域体制机制创新的通知

（发改地区〔2015〕1573号）

天津市、辽宁省、上海市、江苏省、浙江省、山东省、湖南省、广东省、重庆市、四川省、贵州省、陕西省、甘肃省发展改革委，各国家级新区管委会：

国家级新区（以下简称“新区”）是由国务院批准设立，承担国家重大发展和改革开放战略任务的国家级综合功能区。为切实发挥好新区在引领改革发展和创新体制机制等方面的试验示范作用，经与有关方面充分沟通衔接，2015年，请各新区在全面抓好简政放权、行政管理体制改革、构建市场化营商环境等共性改革任务的同时，结合各自特点和优势，围绕1—2个重点问题开展体制机制创新探索，力争形成可复制、可推广经验，为其它地区提供引领示范。具体如下：

一、上海浦东新区。重点围绕深化自由贸易试验区制度创新，在金融、贸易、航运等方面加快构建开放型经济新体制开展探索。

二、天津滨海新区。重点围绕京津协同创新体系建设和港区协调联动开展探索。

三、重庆两江新区。重点围绕打造丝绸之路经济带和长江经济带重要交汇点，推动建立内陆通关和口岸监管新模式开展探索。

四、浙江舟山群岛新区。重点围绕打造江海联运中心，推动建立高效便捷的通关和口岸监管模式开展探索。

五、甘肃兰州新区。重点围绕深化政府服务创新，在建立促进产业集聚和科技创新新机制方面开展探索。

六、广州南沙新区。重点围绕推动自由贸易试验区制度创新，构建与国际投资贸易通行规则相衔接的基本制度框架开展探索。

七、陕西西咸新区。重点围绕推进“一带一路”建设，创新城市发展方式和以文化促发展的有效途径开展探索。

八、贵州贵安新区。重点围绕构建产城融合发展的新机制，以产业集聚促进新型城镇化发展开展探索。

九、青岛西海岸新区。重点围绕提升深远海资源开发能力，形成以海洋科技创新促进海洋产业发展的有效途径开展探索。

十、大连金普新区。重点围绕深化面向东北亚区域开放合作，推动构建现代产业体系开展探索。

十一、四川天府新区。重点围绕深化土地管理制度改革，构建有利于产业集聚发展和城乡一体化发展的体制机制开展探索。

十二、湖南湘江新区。重点围绕创新生态文明建设体制，推动建立综合性生态补偿机制，走绿色低碳循环发展道路开展探索。

十三、南京江北新区。重点围绕实施创新驱动发展战略，以自主创新引领产业转型升级、以制度创新促进区域协同发展开展探索。

各新区应着眼于服务全国改革开放大局，立足自身基础和特点，科学确定实施方案与重点举措，及时总结工作成效和问题，推动形成可推广可复制的经验，并于今年年底将体制机制创新进展情况报送国家发展改革委。有关省（市）要加强工作指导，完善工作机制，切实加强对新区体制机制创新的支持。

国家发展改革委将会同有关部门对上述改革创新予以积极指导和支持，帮助解决面临的困难和问题，及时总结新区推动重点领域创新的成绩与经验并上报国务院。

国家发展改革委

2015 年 7 月 7 日

国家发展改革委　国家开发银行关于推进开发性金融支持国家级新区健康发展有关工作的通知

（发改地区〔2015〕1584号）

各省、自治区、直辖市及计划单列市、新疆生产建设兵团发展改革委，国家开发银行各分行，各国家级新区管委会：

根据国家发展改革委、国土资源部、环境保护部、住房和城乡建设部联合印发的《关于促进国家级新区健康发展的指导意见》（发改地区〔2015〕778号）要求，为进一步促进国家级新区（以下简称“新区”）持续健康发展，现就推进开发性金融支持新区健康发展有关工作通知如下：

一、各相关省（区、市）发展改革部门要高度重视新区建设工作，坚持规划引领，会同有关方面制定实施好新区发展规划（方案），配合制定相关专项规划，加强新区发展规划（方案）与“一带一路”、京津冀协同发展、长江经济带、新型城镇化等重大国家战略的有效衔接，加强新区内部各类功能区的统筹协调和资源整合，促进资源要素优化配置，集聚发展。新区建设要突出“创新”，用足、用好各项政策，进一步提升新区在全国改革开放和现代化建设大局中的战略地位。

二、各相关省（区、市）发展改革部门要支持新区深化体制机制创新，优先支持新区开展国家和省（区、市）重大改革试点，推动新区建立高效运转的行政管理机制，支持新区加大在投资项目建设、城乡统筹、城市发展和生态环保等方面的审批、核准和管理权限。新区要重点按照国务院常务会议关于推广政府和社会资本合作模式的部署和《关于在公共服务领域推广政府和社会资本合作模式的指导意见》（国办发〔2015〕42号）、《基础设施和公用事业特许经营管理办法》（国家发改委2015年第25号令）的有关要求，在基础设施建设、公共产品和服务供给等方面，积极引入央企、地方国企和民营企业等各类投资主体，切实推进基础设施特许经营、公共产品定价和政府购买服务等体制机制改革，用好各项支持政策，多措并举吸引社会资本参与新区公共产品和服务项目的投资、运营和管理。

三、各相关省（区、市）发展改革部门要深化与开发银行等金融机构的沟通合作，及时共享新区发展的政策措施及项目信息，支持新区与金融机构共同设立产业引导基金、风险缓释基金等各类基金，支持新区符合条件的企业通过发行企业债券、项目收益债券、保险信托计划等多种融资方式筹集建设资金，协调解决项目立项、融资、建设中存在的问题和困难，为新区项目融资工作顺利推进创造条件。研究利用中央预算内投资、银行资金等建立股权投资引导基金，吸引社会投资支持新区建设。

四、开发银行要积极支持和参与新区规划编制工作，根据需要组织编制新区融资规划，注重做好融资规划与新区发展规划（方案）、城乡规划、土地利用总体规划和基础设施、生态环保等专项规划等衔接，推动“多规融合”。要通过提供融资规划、融资顾问、财务顾问等融智服务，在新区年度融资安排、政府综合财务报告、政府性债务控制与重组、融资平台转型发展、政府与社会资本合作模式搭建等方面协助新区做好投融资顶层设计，推动新区加快投融资体制改革。

五、开发银行要充分运用开发性金融中长期融资优势和投资、贷款、债券、租赁、证券等综合金融服务优势，建设新区发展重点项目库，加大新区信贷规模投放和融资模式创新力度，加快推进PPP模式、政府采购模式，对于符合条件的重点项目，给予积极支持。继续推广债贷组合、投贷结合、租贷组合、资产证券化等模式，引导基金、贷款、债券、保险、信托等各类金融资金广泛参与新区基础设施建设、公共产品和服务供给，推动新区建立多元化、可持续的资金保障机制。

六、开发银行将充分利用客户资源优势，建立新区与社会资本合作的桥梁和纽带，支持新区基础设施建设、公共产品和服务供给，并根据新区发展规划（方案），结合当地资源禀赋，推动竞争力强、社会效益好的境内外企业和具有发展前景的产业进入新区，进一步提升新区产业层次和水平。

七、各相关省（区、市）发展改革部门、新区管委会、开发银行各相关分行要加强协调，紧密配合，共同推进新区建设，及时将各地工作进展和建议分别报送至国家发展改革委和国家开发银行总行。

国家发展改革委　国家开发银行

2015 年 7 月 10 日

四 批复

中共中央国务院关于开发和开放浦东问题的批复

（内容略）

国务院关于上海市设立浦东新区的批复

（国函〔1992〕146号）

上海市人民政府：

你市《关于设立浦东新区和组建浦东新区政府〈或管理委员会〉的请示》（沪府〔1992〕28号）收悉。同意设立上海市浦东新区，撤销川沙县，浦东新区的行政区域包括原川沙县，上海县的三林乡，黄埔区、南市区、杨浦区的浦东部分。

中华人民共和国国务院

一九九二年十月十一日

国务院关于推进天津滨海新区开发开放有关问题的意见

（国发〔2006〕20号）

各省、自治区、直辖市人民政府，国务院各部委、各直属机构：

推进天津滨海新区开发开放，是在新世纪新阶段，党中央、国务院从我国经济社会发展全局出发作出的重要战略部署。为了更好地推进天津滨海新区开发开放，现就有关问题提出以下意见。

一、推进天津滨海新区开发开放的重大意义

天津滨海新区包括塘沽区、汉沽区、大港区三个行政区和天津经济技术开发区、天津港保税区、天津港区以及东丽区、津南区的部分区域，规划面积2270平方公里。经过十多年的开发建设，天津滨海新区已经具备了进一步加快发展的条件和基础。

推进天津滨海新区开发开放，有利于提升京津冀及环渤海地区的国际竞争力。天津滨海新区位于环渤海地区的中心位置，内陆腹地广阔，区位优势明显，产业基础雄厚，增长潜力巨大，是我国参与经济全球化和区域经济一体化的重要窗口。推进天津滨海新区的开发开放，促进这一地区加快发展，可以有效地提升京津冀和环渤海地区的对外开放水平，使这一地区更好地融入国际经济，释放潜能，增强竞争力。

推进天津滨海新区开发开放，有利于实施全国区域协调发展总体战略。经过十多年的发展，天津滨海新区的综合实力不断增强，服务功能进一步完善，是继深圳经济特区、浦东新区之后，又一带动区域发展的新的经济增长极。天津滨海新区的开发开放，有利于促进我国东部地区

率先实现现代化，从而带动中西部地区，特别是“三北”地区发展，形成东中西互动、优势互补、相互促进、共同发展的区域协调发展格局。

推进天津滨海新区开发开放，有利于探索新时期区域发展的新模式。在经济全球化和区域经济一体化进程加快，我国全面建设小康社会和构建社会主义和谐社会的新形势下，把握国际国内形势的变化特点，用新的思路和发展模式推进天津滨海新区的开发开放，有利于全面落实科学发展观，实现人与自然和谐相处，走出一条区域创新发展的路子。

二、推进天津滨海新区开发开放的指导思想和主要任务

推进天津滨海新区开发开放的指导思想是：以邓小平理论和“三个代表”重要思想为指导，全面落实科学发展观，进一步解放思想，进一步改革开放，进一步发挥优势，坚持高起点、宽视野，注重科技创新和自主创新，突出发展特色，改善发展环境，用新思路、新体制、新机制推动新区不断提高综合实力、创新能力、服务能力和国际竞争力，在带动天津发展、推进京津冀和环渤海区域经济振兴、促进东中西互动和全国经济协调发展中发挥更大的作用。

推进天津滨海新区开发开放要把握好以下原则：坚持以科学发展观统领经济社会发展全局，走科学发展之路；坚持突出发展特色，充分发挥比较优势；坚持推进改革开放，用改革开放促开发建设；坚持科技创新和自主创新，加强创新能力建设；坚持增强服务功能，带动和促进区域经济发展；坚持节约集约用地，切实发挥土地对经济建设的引导和调控作用；坚持可持续发展，建设资源节约型和环境友好型新区；坚持以人为本，推进和谐社会建设与全面发展。

天津滨海新区的功能定位是：依托京津冀、服务环渤海、辐射“三北”、面向东北亚，努力建设成为我国北方对外开放的门户、高水平的

现代制造业和研发转化基地、北方国际航运中心和国际物流中心，逐步成为经济繁荣、社会和谐、环境优美的宜居生态型新城区。

推进天津滨海新区开发开放的主要任务是：以建立综合配套改革试验区为契机，探索新的区域发展模式，为全国发展改革提供经验和示范。走新型工业化道路，把增强自主创新能力作为中心环节，进一步完善研发转化体系，提升整体技术水平和综合竞争力。充分发挥区位、资源、产业等综合优势，加快基础设施建设，积极发展高新技术产业和现代服务业，努力提高综合竞争力和区域服务能力，提高对区域经济的带动作用。统一规划，综合协调，建设若干特色鲜明的功能区，构建合理的空间布局，采取有力措施，节约用水、集约用地、降低能耗，努力提高单位面积的投资强度和产出效率。搞好环境综合整治，维护生态平衡，大力发展循环经济，实现人与自然、经济社会与生态环境相和谐。推进管理创新，建立统一、协调、精简、高效、廉洁的管理体制。

三、切实发挥综合配套改革试验区的示范和带动作用

批准天津滨海新区为全国综合配套改革试验区。要按照党中央、国务院的部署并从天津滨海新区的实际出发，先行试验一些重大的改革开放措施。要坚持重点突破与整体创新相结合、经济体制改革与其他方面改革相结合、解决当地实际问题与攻克面上共性难题相结合，不断拓展改革的领域，通过综合配套改革推进天津滨海新区的开发开放。近期工作重点是：

——鼓励天津滨海新区进行金融改革和创新。在金融企业、金融业务、金融市场和金融开放等方面的重大改革，原则上可安排在天津滨海新区先行先试。本着科学、审慎、风险可控的原则，可在产业投资基金、创业风险投资、金融业综合经营、多种所有制金融企业、外汇管理政策、离岸金融业务等方面进行改革试验。

——支持天津滨海新区进行土地管理改革。在有利于土地节约利用和提高土地利用效率的前提下，优化土地利用结构，创新土地管理方式，加大土地管理改革力度。开展农村集体建设用地流转及土地收益分配、增强政府对土地供应调控能力等方面的改革试验。

——推动天津滨海新区进一步扩大开放，设立天津东疆保税港区。为适应天津建设北方国际航运中心和国际物流中心的需要，按照统筹规划、合理布局、创新体制、分步实施的原则，借鉴国际通行做法，在天津港东疆港区设立保税港区，重点发展国际中转、国际配送、国际采购、国际转口贸易和出口加工等业务，积极探索海关特殊监管区域管理制度的创新，以点带面，推进区域整合。

——给予天津滨海新区一定的财政税收政策扶持。对天津滨海新区所辖规定范围内、符合条件的高新技术企业，减按15%的税率征收企业所得税；比照东北等老工业基地的所得税优惠政策，对天津滨海新区的内资企业予以提高计税工资标准的优惠，对企业固定资产和无形资产予以加速折旧的优惠；中央财政在维持现行财政体制的基础上，在一定时期内对天津滨海新区的开发建设予以专项补助。

四、认真做好推进天津滨海新区开发开放的各项工作

推进天津滨海新区开发开放，主要靠天津自身的力量和加强区域合作，国务院有关部门也要采取有力措施给予支持和帮助。有关方面要加强对推进天津滨海新区开发开放工作的宏观指导和协调，研究建立必要的协调和协作机制。天津市人民政府要充分认识推进天津滨海新区开发开放工作的长期性和艰巨性，全面分析有利条件和面临的挑战，精心筹划，周密部署，通力协作，使天津滨海新区的开发开放顺利有序推进，并为促进区域协调发展提供更加有效的服务。要进一步研究，细化完善综合配套改革试点总体方案和金融、土地改革等专项方案，并按照有关

工作程序报批后实施。国务院有关部门要根据本《意见》的精神，认真做好贯彻落实工作，结合天津滨海新区的实际情况，抓紧研究出台具体的政策措施。要认真研究解决天津滨海新区开发开放过程中出现的新问题，提出相应的对策。

推进天津滨海新区开发开放，是贯彻落实党的十六届五中全会精神和国民经济和社会发展第十一个五年规划纲要的重大举措，是实施国家区域协调发展战略的重要步骤，是一项涉及诸多方面的系统工程，各有关方面要牢固树立全国一盘棋的思想，统一认识，同心协力，勇于创新，扎实工作，努力开创天津滨海新区开发开放的新局面。

国务院

2006 年 5 月 26 日

国务院关于同意设立重庆两江新区的批复

（国函〔2010〕36号）

重庆市人民政府：

你市《关于设立重庆两江新区的请示》（渝府文〔2009〕21号）收悉，现批复如下：

一、原则同意设立重庆两江新区。两江新区位于重庆市主城区长江以北、嘉陵江以东，包括江北区、渝北区、北碚区三个行政区部分区域和国家级经济技术开发区、高新技术开发区和两路寸滩内陆保税港区，规划面积1200平方公里，其中可开发建设面积550平方公里。该区域区位条件优越，产业基础雄厚，发展潜力巨大，具备了加快发展的条件和实力。要把设立重庆两江新区作为应对国际金融危机、落实区域发展总体战略的重要举措，加快推进统筹城乡综合配套改革试验，积极探索内陆开放型经济发展的新路子，努力保持重庆经济平稳较快发展。

二、重庆两江新区建设要以邓小平理论和“三个代表”重要思想为指导，深入贯彻落实科学发展观，解放思想、深化改革、扩大开放、锐意创新，坚持高起点规划、高标准建设、高水平管理。两江新区作为统筹城乡综合配套改革试验的先行区，要着力发展内陆开放型经济，构建现代产业体系，推进自主创新，加强资源节约和环境保护，大力发展社会事业，逐步建设成为我国内陆重要的先进制造业和现代服务业基地、长江上游地区的金融中心和创新中心、内陆地区对外开放的重要门户、科学发展的示范窗口，在带动重庆发展、推进西部大开发、促进区域协调发展中发挥更大作用。

三、重庆市人民政府要切实加强对两江新区建设的组织领导，明确工作责任，完善工作机制。要在国家有关部门的指导下，进一步完善规划方案，优化空间布局，明确发展重点。要在现有政策范围内，加大对两江新区发展的支持力度，推动产业、资金和人才向两江新区集聚，为其长远发展奠定坚实基础。

四、国务院有关部门要按照职能分工，加强对重庆两江新区建设的指导，在有关规划编制、政策实施、项目安排、体制机制创新等方面给予积极支持。要加强部门之间的沟通和协调，帮助解决两江新区建设过程中遇到的困难和问题，为推动两江新区发展营造良好的政策环境。

设立重庆两江新区，有利于探索内陆地区开发开放的新模式，提升重庆经济实力和综合竞争力，对于推动西部大开发，促进区域协调发展具有重要意义。各有关方面要坚定信心、密切合作、扎实工作，努力开创重庆经济社会发展的新局面。

国务院

2010年5月5日

国务院关于同意设立浙江舟山群岛新区的批复

（国函〔2011〕77号）

浙江省人民政府：

你省《关于设立浙江舟山群岛新区的请示》（浙政〔2011〕13号）收悉。现批复如下：

一、原则同意设立浙江舟山群岛新区。舟山群岛新区范围与舟山市行政区域一致，区位条件、海洋资源、海洋产业等综合优势明显，在全国沿海开发开放中具有重要地位。要把设立浙江舟山群岛新区作为实施区域发展战略和海洋发展战略、贯彻落实《中华人民共和国国民经济和社会发展第十二个五年规划纲要》的重要举措，加快转变经济发展方式，积极探索陆海统筹发展新路径，推动海洋经济科学发展，促进浙江省经济平稳较快发展。

二、浙江舟山群岛新区建设要以邓小平理论和“三个代表”重要思想为指导，深入贯彻落实科学发展观，突出科学发展主题和加快转变经济发展方式主线，以深化改革为动力，以先行先试为契机，坚持高起点规划、高标准建设、高水平管理。舟山群岛新区作为浙江海洋经济发展的先导区、海洋综合开发试验区和长江三角洲地区经济发展的重要增长极，要加强体制机制创新，扩大对外开放，逐步建成我国大宗商品储运中转加工交易中心、东部地区重要的海上开放门户、海洋海岛综合保护开发示范区、重要的现代海洋产业基地、陆海统筹发展先行区，在推动浙江经济社会发展、推进东部地区发展方式转变、促进全国区域协调发展中发挥更大作用。

三、浙江省人民政府要切实加强对舟山群岛新区建设的组织领导，明确工作责任，完善工作机制。要加大支持力度，推动产业、资金、人才向舟山群岛新区集聚，为其长远发展奠定坚实基础。要在国家有关部门的指导下，制订完善相关规划，优化空间布局，明确发展重点，新区建设中涉及的重要政策和重大建设项目要按规定程序报批。

四、国务院有关部门要按照职能分工，加强对浙江舟山群岛新区建设发展的支持和指导，在有关规划编制、政策实施、项目安排、体制改革、机制创新等方面给予积极支持。要加强部门之间的沟通协调，帮助解决舟山群岛新区发展过程中遇到的困难和问题，为推动舟山群岛新区建设发展营造良好的政策环境。

设立并建设好浙江舟山群岛新区，对于深化海洋管理体制改革、创新海洋海岛综合保护开发方式、加快转变经济发展方式具有重要意义。各有关方面要统一思想，密切配合，开拓创新，扎实工作，共同推动浙江舟山群岛新区又好又快发展。

国务院

2011 年 6 月 30 日

国务院关于同意设立兰州新区的批复

（国函〔2012〕104号）

甘肃省人民政府：

你省《关于设立兰州新区的请示》（甘政发〔2012〕121号）收悉，现批复如下：

一、同意设立兰州新区，原则同意《兰州新区建设指导意见》。兰州新区位于兰州市北部，涉及永登县中川、秦川、上川、树屏和皋兰县西岔、水阜6个乡镇，区位优势明显，资源条件较好，发展潜力较大，具备加快发展的条件。要把建设兰州新区作为深入实施西部大开发战略的重要举措，积极探索欠发达地区加快推进新型工业化、城镇化和实现跨越式发展的新路子，拓展我国向西开放的广度和深度，努力实现甘肃省经济社会又好又快发展。

二、兰州新区建设要以邓小平理论和“三个代表”重要思想为指导，深入贯彻科学发展观，坚持科学规划、合理布局、有序发展，突出经济结构战略性调整，突出特色产业、循环经济和节能环保，突出对内对外开放，突出改革创新，推动兰州市建设成为西北地区重要的经济增长极、国家重要的产业基地、向西开放的重要战略平台和承接产业转移示范区，在带动甘肃及周边地区发展、深入推进西部大开发、促进我国向西开放中发挥更大作用。

三、甘肃省和兰州市人民政府要切实加强对兰州新区建设的组织领导，创新体制机制，明确工作责任，大力支持兰州新区建设。要抓紧开展新区环境影响评价，做好新区建设用地安排与兰州市土地利用总体规划的衔接，科学制定新区水资源供求中长期规划，认真编制新区建设规划并纳入兰州市城市总体规划，要切实节约集约利用土地，严格保护耕地和基本农田，要切实保护和节约水资源，合理安排生活、生产和生态用水。要进一步明确发展思路，突出发展重点，统筹推进新区发展，涉及的重要政策和重大建设项目要按规定程序报批。

四、国务院有关部门要按照职能分工，加强对兰州新区建设和发展的指导，在有关规划编制、政策保障、项目布局、资金安排、对外开放等方面给予大力支持，帮助解决兰州新区发展过程中遇到的困难和问题，为推动兰州新区发展营造良好的政策环境。

建设兰州新区，对探索西北老工业城市转型发展和承接东中部地区产业转移的新模式，增强兰州作为西北地区重要中心城市的辐射带动作用，扩大向西开放，推动西部大开发，促进区域协调发展，具有重要意义。各有关方面要坚定信心，开拓进取，扎实工作，努力开创甘肃省和兰州市经济社会发展的新局面。

国务院

2012 年 8 月 20 日

国务院关于广州南沙新区发展规划的批复

（国函〔2012〕128号）

广东省人民政府、发展改革委：

发展改革委《关于报送广州南沙新区发展规划（送审稿）的请示》（发改地区〔2012〕2539号）收悉。现批复如下：

一、原则同意《广州南沙新区发展规划》（以下简称《规划》），请认真组织实施。

二、《规划》实施要高举中国特色社会主义伟大旗帜，以邓小平理论和“三个代表”重要思想为指导，深入贯彻落实科学发展观，以深化与港澳全面合作为主线，以生态、宜居、可持续为导向，以改革、创新、合作为动力，大力推进粤港澳全面合作示范区建设，努力把南沙新区建设成为粤港澳优质生活圈、新型城市化典范、以生产性服务业为主导的现代产业新高地、具有世界先进水平的综合服务枢纽和社会管理服务创新试验区，为全面推动珠江三角洲转型发展、促进港澳地区长期繁荣稳定、构建我国开放型经济新格局发挥更大作用。

三、广东省和广州市人民政府要切实加强对《规划》实施的组织领导，完善工作机制，落实工作责任，按照《规划》确定的战略定位、发展目标和产业发展重点，积极创造条件，有序推进《规划》实施。要坚持高起点、高标准，统一规划，整体推进，分步实施，统筹推进新区建设，涉及的重要政策和重大建设项目按规定程序报批。要进一步健全和完善法律法规体系，将南沙新区的开发建设纳入法制化轨道，为实现南沙新区科学发展创造良好的法治环境。

四、国务院有关部门要结合各自职能，进一步加强对南沙新区开发建设的支持和指导。建立由发展改革委牵头，国务院有关部门、香港特别行政区、澳门特别行政区、广东省和广州市等有关方面参加的协调机制，帮助解决《规划》实施过程中遇到的问题，在政策实施、项目安排、体制机制创新等方面给予积极支持，为促进南沙新区开发建设创造良好的政策环境。发展改革委要加强对《规划》实施情况的跟踪分析和督促检查，会同广东省、广州市人民政府适时开展《规划》实施评估，有关情况及时报告国务院。

科学规划建设南沙新区，对于发挥粤港澳三地比较优势，推进广州新型城市化建设，深化新时期改革开放具有重要意义。各有关方面要高度重视南沙新区开发建设，以《规划》实施为契机，开拓创新，紧密合作，扎实工作，不断探索科学发展的新模式。

国务院

2012年9月6日

国务院关于同意设立陕西西咸新区的批复

（国函〔2014〕2号）

陕西省人民政府：

你省关于设立陕西西咸新区的请示收悉，现批复如下：

一、同意设立陕西西咸新区。西咸新区位于陕西省西安市和咸阳市建成区之间，区域范围涉及西安、咸阳两市所辖7县（区）23个乡镇和街道办事处，规划控制面积882平方公里。西咸新区是关中—天水经济区的核心区域，区位优势明显、经济基础良好、教育科技人才汇集、历史文化底蕴深厚、自然生态环境较好，具备加快发展的条件和实力。要把建设西咸新区作为深入实施西部大开发战略的重要举措，探索和实践以人为核心的中国特色新型城镇化道路，推进西安、咸阳一体化进程，为把西安建设成为富有历史文化特色的现代化城市、拓展我国向西开放的深度和广度发挥积极作用。

二、西咸新区建设要高举中国特色社会主义伟大旗帜，以邓小平理论、“三个代表”重要思想、科学发展观为指导，紧紧围绕创新城市发展方式，走资源集约、产业集聚、人才集中、生态文明的发展道路，促进工业化、信息化、城镇化、农业现代化同步发展，着力建设丝绸之路经济带重要支点，着力统筹科技资源，着力发展高新技术产业，着力健全城乡发展一体化体制机制，着力保护生态环境和历史文化，着力创新体制机制，努力把西咸新区建设成为我国向西开放的重要枢纽、西部大开发的新引擎和中国特色新型城镇化的范例。

三、陕西省人民政府要切实加强对西咸新区建设的组织领导，完善工作机制，明确工作责任，积极稳妥扎实推进西咸新区建设发展。要认真做好西咸新区发展总体规划以及土地利用总体规划、城市和镇总体规划、环境保护规划、水资源供求中长期规划等专项规划的编制工作，做好与国家及本省相关规划的衔接。要着力优化空间布局，切实节约集约利用土地，严格保护耕地和基本农田。要抓紧开展环境影响评价，切实保护和节约水资源。要加强历史遗址保护和非物质文化遗产传承，增强文化软实力。要进一步明确发展思路，突出发展重点，创新发展方式，统筹推进西咸新区发展，涉及的重要政策和重大建设项目要按规定程序报批。

四、国务院有关部门要按照职能分工，加强对西咸新区建设发展的支持和指导，在有关规划编制、政策实施、项目布局、资金安排、体制创新、对外开放等方面给予积极支持，为西咸新区发展营造良好的政策环境。要加强沟通协调，建立由国务院有关部门和陕西省人民政府参与的部省际联席会议制度。国家发展改革委要会同有关部门做好有关重大发展政策的落实工作，帮助协调解决西咸新区建设过程中遇到的困难和问题。

建设西咸新区，对于创新城市发展方式、深入实施西部大开发战略、引领和带动西部地区发展、扩大向西开放具有重要意义。各有关方面要统一思想、密切配合，开拓创新、真抓实干，共同推动西咸新区持续健康发展，努力开创陕西经济社会发展新局面。

国务院

2014 年 1 月 6 日

国务院关于同意设立贵州贵安新区的批复

（国函〔2014〕3号）

贵州省人民政府：

你省《关于设立贵州贵安新区的请示》（黔府呈〔2012〕11号）收悉，现批复如下：

一、同意设立贵州贵安新区。贵安新区位于贵州省贵阳市和安顺市结合部，区域范围涉及贵阳、安顺两市所辖4县（市、区）20个乡镇，规划控制面积1795平方公里。贵安新区是黔中经济区核心地带，区位优势明显，地势相对平坦，人文生态环境良好，发展潜力巨大，具备加快发展的条件和实力。要把建设贵安新区作为深入实施西部大开发战略、探索欠发达地区后发赶超路子的重要举措，加快推进体制机制创新，发展内陆开放型经济，努力推动贵州经济社会又好又快发展。

二、贵安新区建设要高举中国特色社会主义伟大旗帜，以邓小平理论、“三个代表”重要思想、科学发展观为指导，着力推进体制机制创新，探索欠发达地区城市发展建设新模式；着力调整优化经济结构，建立现代产业体系；着力提升对内对外开放水平，促进区域经济协调发展；着力推进生态文明建设，促进人与自然和谐发展，不断增强综合竞争实力，带动周边地区共同发展，把贵安新区建设成为经济繁荣、社会文明、环境优美的西部地区重要的经济增长极、内陆开放型经济新高地和生态文明示范区。

三、贵州省人民政府要切实加强对贵安新区建设的组织领导，完善工作机制，明确工作责任，积极稳妥扎实推进贵安新区建设发展。要认真做好贵安新区发展总体规划以及土地利用总体规划、城市和镇总体规划、环境保护规划、水资源供求中长期规划等专项规划的编制工作，做好与国家及本省有关规划的衔接。要着力优化空间布局，切实节约集约利用土地，严格保护耕地和基本农田。要进一步明确发展思路，突出发展重点，创新发展方式，统筹推进贵安新区发展，涉及的重要政策和重大建设项目要按规定程序报批。

四、国务院有关部门要按照职能分工，加强对贵安新区建设发展的支持和指导，在有关规划编制、政策实施、项目布局、资金安排、体制创新、对外开放等方面给予积极支持，为贵安新区发展营造良好的政策环境。要加强沟通协调，建立由国务院有关部门和贵州省人民政府参与的部省际联席会议制度。国家发展改革委要会同有关部门做好有关重大发展政策的落实工作，帮助协调解决贵安新区建设过程中遇到的困难和问题。

建设贵安新区，对于探索欠发达地区后发赶超途径、发展内陆开放型经济、建设生态文明社会具有重要意义。各有关方面要统一思想、密切配合、开拓创新、真抓实干，共同推动贵安新区持续健康发展，努力开创贵州经济社会发展新局面。

国务院

2014 年 1 月 6 日

国务院关于同意设立青岛西海岸新区的批复

（国函〔2014〕71号）

山东省人民政府：

《山东省人民政府关于申请设立青岛西海岸新区的请示》（鲁政呈〔2013〕26号）收悉。现批复如下：

一、同意设立青岛西海岸新区。青岛西海岸新区位于胶州湾西岸，包括青岛市黄岛区全部行政区域，其中陆域面积约2096平方公里、海域面积约5000平方公里。青岛西海岸新区区位条件、科技人才、海洋资源、产业基础、政策环境等综合优势明显，具备推进陆海统筹、城乡一体、军民融合发展的独特条件。要以海洋经济发展为主题，服务于青岛建设区域性经济中心和国际化城市的发展定位，把建设青岛西海岸新区作为全面实施海洋战略、发展海洋经济的重要举措，为促进东部沿海地区经济率先转型发展、建设海洋强国发挥积极作用。

二、青岛西海岸新区建设要以邓小平理论、“三个代表”重要思想、科学发展观为指导，统筹海洋经济与陆域经济、经济建设与国防建设、资源开发与生态保护、新型工业化与新型城镇化，以全面深化改革为动力，坚持高起点规划、高标准建设、高水平管理，推进创新驱动和体制机制创新，大力发展海洋经济和海洋新兴产业，加强生态文明建设，深化对外对内开放，努力发展成为海洋科技自主创新领航区、深远海开发战略保障基地、军民融合创新示范区、海洋经济国际合作先导区、陆海统筹发展试验区，为探索全国海洋经济科学发展新路径发挥示范作用。

三、山东省人民政府要切实加强对青岛西海岸新区建设的组织领导，完善工作机制，明确工作责任，加大支持力度，积极探索与现行体制协调、联动、高效的管理方式，积极稳妥扎实推进青岛西海岸新区建设发展。要认真做好青岛西海岸新区发展总体规划的编制工作，规划建设必须符合土地利用总体规划、城市和镇总体规划、海洋功能区划、环境保护规划、水资源综合规划等相关专项规划的要求。要执行国家统一财税政策，着力优化空间布局，切实节约集约利用土地，严格保护耕地和基本农田，合理开发利用海洋资源、有效保护海洋生态环境，抓紧开展环境影响评价，切实保护和节约水资源。要进一步明确发展思路，突出发展重点，创新发展方式，统筹推进青岛西海岸新区发展，涉及的重要政策和重大建设项目要按规定程序报批。

四、国务院有关部门要按照职能分工，加强对青岛西海岸新区建设发展的支持和指导，进一步细化各项政策措施，在有关规划编制、政策实施、项目安排、机制创新、全面深化改革、扩大对外开放等方面给予积极支持。发展改革委要会同有关部门做好有关重大发展政策的落实工作，加强沟通协调，帮助解决青岛西海岸新区发展过程中遇到的困难和问题，为推动青岛西海岸新区建设发展营造良好的环境。

设立并建设好青岛西海岸新区，对于全面实施海洋战略、创新军民融合机制、深化海洋管理体制改革、推进深远海开发与陆海统筹发展和建设海洋强国具有重要意义。各有关方面要统一思想、密切配合、开拓创新、扎实工作，共同推动青岛西海岸新区持续健康发展，努力开创山东半岛蓝色经济区发展的新局面。

国务院

2014 年 6 月 3 日

国务院关于同意设立大连金普新区的批复

（国函〔2014〕76号）

辽宁省人民政府：

《辽宁省人民政府关于设立大连金普新区的请示》（辽政〔2012〕309号）收悉。现批复如下：

一、同意设立大连金普新区。大连金普新区位于辽宁省大连市中南部，范围包括大连市金州区全部行政区域和普兰店市部分地区，总面积约2299平方公里。大连金普新区地理区位优越，战略地位突出，经济基础雄厚。建设大连金普新区，有利于进一步深化改革开放，引领辽宁沿海经济带加速发展，带动东北地区振兴发展，进一步深化与东北亚各国各领域的合作。

二、大连金普新区建设要以邓小平理论、“三个代表”重要思想、科学发展观为指导，以加快转变经济发展方式为主线，认真落实党中央、国务院的决策部署，进一步释放改革红利，增强开放动力，激发创新活力，充分发挥比较优势，增强综合实力，在东北地区率先实现全面振兴和现代化。要提升产业层次，完善服务功能，提高国际竞争力，努力将大连金普新区建设成为我国面向东北亚区域开放合作的战略高地、引领东北地区全面振兴的重要增长极、老工业基地转变发展方式的先导区、体制机制创新与自主创新的示范区、新型城镇化和城乡统筹的先行区，为将大连建设成为东北亚国际航运中心和国际物流中心，带动东北地区等老工业基地全面振兴，深入推进面向东北亚区域开放合作发挥积极作用。

三、辽宁省人民政府要切实加强对大连金普新区建设的组织领导，明确思路、落实责任，完善工作机制，加大支持力度，积极探索创新体制机制。要认真做好大连金普新区发展总体规划的编制工作，大连金普新区规划建设必须符合土地利用总体规划、城市和镇总体规划、环境保护规划、水资源综合规划等相关专项规划的要求。要着力优化空间布局，落实最严格的耕地保护制度和最严格的节约用地制度，统筹土地利用，切实节约集约利用土地，合理开发利用资源、有效保护生态环境，抓紧开展环境影响评价，切实保护和节约水资源。要进一步明确发展思路，突出发展重点，创新发展方式，执行国家统一财税政策，统筹推进大连金普新区发展，涉及的重要政策和重大建设项目要按规定程序报批。

四、国务院有关部门要按照职能分工，加强对大连金普新区建设发展的支持和指导，在规划编制、政策实施、项目布局、体制创新、对外开放等方面给予积极支持，为大连金普新区发展营造良好的环境。发展改革委要会同有关部门做好有关重大发展政策的落实工作，协调解决大连金普新区建设过程中的困难和问题。

设立并建设好大连金普新区，对于促进东北地区等老工业基地全面振兴、深入推进面向东北亚区域开放合作具有重要意义。各有关方面要统一思想、密切配合、勇于创新、扎实工作，共同推动大连金普新区持续健康发展。

国务院

2014 年 6 月 23 日

国务院关于同意设立四川天府新区的批复

（国函〔2014〕133号）

四川省人民政府：

《四川省人民政府关于将四川省成都天府新区批准为国家级新区的请示》（川府〔2013〕94号）收悉。现批复如下：

一、同意设立四川天府新区。四川天府新区位于四川省成都市主城区南偏东方向，区域范围涉及成都、眉山、资阳三市所辖7县（市、区），规划面积1578平方公里。四川天府新区区位优势突出，交通设施完备，产业基础良好，科教实力雄厚。要把建设四川天府新区作为深入实施西部大开发战略、积极稳妥扎实推进新型城镇化、深入实施创新驱动发展战略的重要举措，为发展内陆开放型经济、促进西部地区转型升级、完善国家区域发展格局等发挥示范和带动作用。

二、四川天府新区建设要以邓小平理论、“三个代表”重要思想、科学发展观为指导，认真落实党中央、国务院的决策部署，创新体制机制，着力促进要素有序自由流动、资源高效配置、市场深度融合，提升国际综合竞争能力；着力发展高端产业，建立完善现代产业体系；推进生态文明建设，保护和传承历史文化，促进人与自然和谐发展，努力把天府新区建设成为以现代制造业为主的国际化现代新区，打造成为内陆开放经济高地、宜业宜商宜居城市、现代高端产业集聚区、统筹城乡一体化发展示范区。

三、四川省人民政府要切实加强对四川天府新区建设发展的组织领导，进一步明确发展思路，突出发展重点，创新发展方式，完善工作机制，明确落实责任，加大支持力度，探索与现行体制协调、联动、高效的管理方式，有力有序有效推进四川天府新区建设。要认真做好四川天府新区发展总体规划的编制工作，规划建设必须符合土地利用总体规划、城市和镇总体规划、环境保护规划、水资源综合规划等相关专项规划的要求。要坚持最严格的耕地保护制度和最严格的节约土地制度，合理安排建设用地的规模、结构、布局和时序，统筹新增建设用地和存量土地挖潜，切实节约集约利用土地，抓紧开展环境影响评价，切实保护和节约水资源。要执行国家统一的财税政策，涉及的重要政策和重大建设项目要按规定程序报批。

四、国务院有关部门要按照职能分工，加强对四川天府新区建设发展的指导，在有关规划编制、政策实施、项目布局、资金安排、体制创新、对外开放等方面给予积极支持，为四川天府新区发展创造良好的政策环境。发展改革委要会同有关部门做好有关重大发展政策的落实工作，加强信息沟通，协调解决四川天府新区建设过程中遇到的困难和问题。

设立并建设好四川天府新区，对于积极探索西部地区开发开放新路子、构建内陆开放型经济高地、推进经济结构战略性调整等具有重要意义。各有关方面要统一思想、协同配合，开拓创新、扎实工作，共同推动四川天府新区持续健康发展。

国务院

2014 年 10 月 2 日

国务院关于同意设立湖南湘江新区的批复

（国函〔2015〕66号）

湖南省人民政府：

《湖南省人民政府关于设立国家级湘江新区的请示》（湘政〔2013〕37号）收悉。现批复如下：

一、同意设立湖南湘江新区。湖南湘江新区位于湘江西岸，包括长沙市岳麓区、望城区和宁乡县部分区域，面积490平方公里。湖南湘江新区区位条件优越、科教创新实力雄厚、产业发展优势明显、区域综合承载能力较强，资源节约型和环境友好型（以下称“两型”）社会建设成效显著。设立湖南湘江新区，是实施国家区域发展总体战略、贯彻落实《国务院关于依托黄金水道推动长江经济带发展的指导意见》（国发〔2014〕39号）的重要举措，有利于带动湖南省乃至长江中游地区经济社会发展，为促进中部地区崛起和长江经济带建设发挥更大作用。

二、湖南湘江新区建设，要全面贯彻党的十八大和十八届三中、四中全会精神，按照党中央、国务院决策部署，突出新型工业化和新型城镇化融合发展重大主题，坚持高标准规划、高起点建设，注重科技创新和自主创新，注重保障和改善民生，注重经济社会和资源环境协调发展，推动产业转型升级和集聚发展，促进产城融合和城乡协调，提升对内对外开放水平，激发大众创业、万众创新热情，不断提高经济综合实力和竞争力，努力把湖南湘江新区建设成为高端制造研发转化基地和创新创意产业集聚区、产城融合城乡一体的新型城镇化示范区、全国“两型”社会建设引领区、长江经济带内陆开放高地。

三、湖南省人民政府要切实加强组织领导，完善工作机制，明确工作责任，加大支持力度，积极探索与现行体制协调、联动、高效的管理方式，积极稳妥扎实推进湖南湘江新区建设发展。要认真做好湖南湘江新区发展规划编制工作，规划建设必须符合土地利用总体规划、城市总体规划、镇总体规划、环境保护规划、水资源综合规划等相关专项规划的要求。要着力优化空间布局，切实节约集约利用土地，严格保护耕地和基本农田，切实保护和节约水资源。涉及的重要政策和重大建设项目要按规定程序报批。

四、国务院有关部门要按照职能分工，加强对湖南湘江新区建设发展的支持和指导，在有关规划编制、政策实施、项目安排、体制机制创新等方面给予积极支持，帮助解决湖南湘江新区发展过程中遇到的困难和问题，营造良好的政策环境。

设立并建设好湖南湘江新区，对于促进中部地区崛起、推进长江经济带建设、加快内陆地区开放发展具有重要意义。各有关方面要统一思想，密切合作，勇于创新，扎实工作，共同推动湖南湘江新区持续健康发展。

国务院

2015年4月8日

国务院关于同意设立南京江北新区的批复

（国函〔2015〕103号）

江苏省人民政府：

《江苏省人民政府关于设立南京江北新区的请示》（苏政发〔2014〕68号）收悉，现批复如下：

一、同意设立南京江北新区。南京江北新区位于江苏省南京市长江以北，包括南京市浦口区、六合区和栖霞区八卦洲街道，规划面积788平方公里。南京江北新区是长江经济带与东部沿海经济带的重要交汇节点，区位条件优越、产业基础雄厚、创新资源丰富、基础设施完善、承载能力较强，具备了加快发展的条件和实力。要把建设南京江北新区作为实施区域发展总体战略、贯彻落实《国务院关于依托黄金水道推动长江经济带发展的指导意见》（国发〔2014〕39号）的重要举措，充分发挥南京江北新区在创新驱动发展和新型城镇化建设等方面的示范带动作用，推动苏南现代化建设和长江经济带更好更快发展。

二、南京江北新区建设，要全面贯彻党的十八大和十八届二中、三中、四中全会精神，按照党中央、国务院决策部署，坚持规划先行、改革先行、法治先行和生态先行，积极参与长江经济带和“一带一路”建设，更加注重自主创新，加快构建现代产业体系，推进新型城镇化建设，完善现代化基础设施，加强生态文明建设，扩大对外开放合作，与上海浦东新区、浙江舟山群岛新区、中国（上海）自由贸易试验区等联动发展，逐步建设成为自主创新先导区、新型城镇化示范区、长三角地区现代产业集聚区、长江经济带对外开放合作重要平台，努力走出一条创新驱动、开放合作、绿色发展的现代化建设道路。

三、江苏省人民政府要切实加强对南京江北新区建设的组织领导，明确工作责任，完善工作机制，加大支持力度，积极探索与现行体制协调、联动、高效的管理方式，积极稳妥扎实推进南京江北新区建设发展。要认真做好南京江北新区发展总体规划编制工作，规划建设必须符合土地利用总体规划、城市总体规划、镇总体规划、环境保护规划、水资源综合规划等相关专项规划的要求。要推动探索与行政区融合发展的体制机制，尽快建立权责明确、运转高效的新区管理体制。要着力优化空间布局，节约集约利用土地，严格保护耕地和基本农田，切实保护和节约水资源。涉及的重要政策和重大建设项目要按规定程序报批。

四、国务院有关部门要按照职能分工，加强对南京江北新区建设发展的支持和指导，在有关规划编制、政策实施、项目安排、体制机制创新等方面给予积极支持，帮助解决南京江北新区发展过程中遇到的困难和问题，营造良好的政策环境。

设立并建设好南京江北新区，对于推进长江经济带建设、培育东部沿海地区率先转型发展的新增长极具有重要意义。各有关方面要统一思想，密切合作，勇于创新，扎实工作，共同推动南京江北新区持续健康发展。

国务院

2015 年 6 月 27 日